MOLIÈRE

LE MALADE IMAGINAIRE

Parcours : **Spectacle et comédie**

L'œuvre et son parcours

MOLIÈRE

LE MALADE IMAGINAIRE

Parcours : **Spectacle et comédie**

FRANÇAIS

Programme du BAC **1re**

ellipses

Émilie Muraru

ISBN 9782340-039575

32, rue Bargue 75740 Paris cedex 15

www.editions-ellipses.fr

Table des matières

Introduction

L'œuvre de Molière, *Le Malade imaginaire,* est créée **sur la scène du Palais Royal le 10 février 1673 par la Troupe du Roi.** Molière est alors directeur de troupe, metteur en scène et interprète du rôle-titre. Il est au faîte de sa gloire, dramaturge reconnu par la haute société de la Cour et les riches bourgeois parisiens, familier du roi Louis XIV, auprès duquel il exerce aussi la fonction précieuse de tapissier valet de chambre, un trimestre par an. Sa mort brutale, à l'issue de la quatrième représentation de la pièce, le 17 février 1673, interrompt donc prématurément, à l'âge de 51 ans, une carrière déjà riche de créations et d'inventivité théâtrales qui a fait de Molière un des plus grands dramaturges de son temps et la référence essentielle, sinon absolue, de la comédie au XVIIe siècle.

Le Malade imaginaire est une **comédie-ballet**, qui est devenue, du fait des circonstances, l'œuvre testament du dramaturge, mais elle n'aurait dû constituer qu'une étape supplémentaire dans sa création théâtrale. Nous ne nous ferons donc pas l'écho ici des interprétations qui ont voulu faire du personnage d'Argan un double de Molière, malheureux, malade et trompé. Nous montrerons au contraire toutes les **subtilités de l'écriture dramaturgique mêlée de danse, de chant et de musique pour créer un spectacle réjouissant et complet**. Molière décline ici les gammes de la comédie en les renouvelant encore ; avec des personnages et des situations connues, il crée une pièce nouvelle, **qui attaque un des sujets les plus polémiques de son temps, l'incompétence des médecins,** et il le lie à l'un de ses sujets de réflexion favoris : **les obsessions et les ridicules, liées aux peurs profondes.**

L'objet de cet ouvrage est alors **d'apporter des clés de lecture et de compréhension** de cette œuvre connue de beaucoup, mais qui se révèle plus complexe et subtile que ce que l'opinion commune peut en dire. Tout d'abord il s'agit de **bien connaître Molière** lui-même et de le replacer en son temps pour comprendre sa démarche et la visée de son œuvre. Son œuvre théâtrale est en effet indissociable des choix politiques et artistiques de **Louis XIV, qui est en train de créer véritablement Versailles**, et du regard porté sur le théâtre au XVIIe siècle, comme des conditions de vie des compagnies théâtrales.

Ensuite nous abordons la question complexe de la **structure de l'œuvre** puisque les trois actes de la partie théâtrale ne peuvent être pleinement compris sans les parties chantées et dansées qui ouvrent, ponctuent puis ferment la pièce. La comédie est un **spectacle complet**, au-delà des ressources multiples du théâtre, et le chant, la danse, la musique, le jeu d'acteurs se mêlent de manière indissociable, se contaminant les uns les autres dans des jeux multiples de mise en abyme. Le théâtre est un **genre littéraire à part puisqu'il est aussi un art du spectacle vivant**, l'œuvre de Molière est à considérer alors à la fois comme texte et comme divertissement, avec toute la noblesse que l'on peut accorder à ce terme.

Puis nous détaillons **les enjeux de la démarche de Molière** : créer un spectacle nouveau en reprenant des motifs connus qui plaisent au spectateur, user en particulier de toutes les ressources du comique pour construire un propos finalement très sérieux sur l'imposture de la médecine et des médecins, les dangers de la crédulité face au charlatanisme intéressé. **La comédie cherche à instruire les hommes en soignant ses vices mais comment soigner la société, la guérir de la médecine ?** La conclusion de la pièce sera donc à étudier spécifiquement.

Une fois cette étude menée, nous proposons, en forme de récapitulatif, **des ressources précises**, par des références et des citations, pour une appropriation fine de l'œuvre et un recours à des exemples efficaces dans les différents types d'exercices proposés à l'examen.

Nous présentons ensuite deux propositions de **parcours autour de l'intitulé du programme « spectacle et comédie »**, en appui sur des textes du théâtre du XVIIe siècle à nos jours, accompagnés de propositions de prolongements artistiques variés et de la présentation d'une lecture cursive d'accompagnement possible.

Enfin nous abordons la question de **l'œuvre à l'examen** : les attentes des exercices du Baccalauréat sont précisées ; nous proposons des **exemples de sujets** puis la mise en forme complète d'une dissertation comme d'une étude linéaire.

Étude approfondie de l'œuvre

Mise en contexte de l'œuvre

Repères historiques : le règne de Louis XIV

La carrière de Molière se déroule pendant le règne de Louis XIV : en effet celui-ci devient roi en 1643 quand Molière a 21 ans et fonde l'Illustre Théâtre, sa première compagnie. Mais surtout Louis XIV est devenu un **jeune souverain épris des arts**, quand Molière revient à Paris après 12 ans passés à sillonner la France avec sa troupe. Le dramaturge reçoit de plus en plus de commandes de la Cour, et Molière, en association avec Lully, participe aux « Fêtes des Plaisirs de l'île enchantée », festivités somptueuses données à partir de 1664 à Versailles pendant des journées entières. Lorsque Molière meurt en 1673, Louis XIV a encore devant lui 42 ans de règne durant lesquels il accorde toujours une large place aux divertissements, à la musique et au théâtre en particulier.

Molière est donc **le témoin mais aussi un des acteurs privilégiés de la création de Versailles** comme lieu des arts et de la magnificence de la Cour : ses créations théâtrales ponctuent les festivités royales et répondent aux goûts d'un roi lui-même enclin à jouer et surtout à danser[1].

Dans une période où la France est régulièrement en proie à la famine, où des inondations peuvent ravager Paris en hiver et où Louis XIV se lance dans d'ambitieuses campagnes militaires, le théâtre de Molière réjouit la noblesse et les riches bourgeois. Et s'il se fait l'écho des sujets en débat dans les salons par les intrigues mises en scène dans ses comédies, il représente bien la part

1. Voir pour illustration le film de Gérard Corbiau *Le roi danse* (2000).

la plus privilégiée de cette société du XVIIe, même s'il éprouve lui aussi, dans sa propre famille, les malheurs du temps que sont les décès prématurés des femmes en couches et des enfants en bas âge.

Le contexte culturel : le théâtre au XVIIe

Troupes permanentes et troupes itinérantes

Quand Molière, qui s'appelle encore Jean puis Jean-Baptiste Poquelin, se lance dans la carrière théâtrale en 1643, coexistent à Paris **deux troupes permanentes** qui rencontrent beaucoup de succès : la **Troupe Royale installée Hôtel de Bourgogne** et la **troupe du Marais** installée dans le théâtre du même nom. La **troupe des Comédiens Italiens** dirigée par Scaramouche est également en résidence à Paris mais de manière plus intermittente, installée dans le bâtiment royal du Petit Bourbon à partir des années 1640. C'est ce théâtre qui est alloué en partage à la troupe de Molière en 1658 avant le déménagement au théâtre du Palais Royal. Tous ces lieux, situés sur la rive droite de la Seine, sont fréquentés en particulier par de riches marchands du quartier des Halles ; la concurrence est féroce entre les troupes qui s'attaquent frontalement par pièces interposées.

De **nombreuses autres troupes existent, travaillant en itinérance** à travers la France, le plus souvent sous la protection d'un puissant : elles vont de ville en ville en fonction des opportunités, des déplacements de leur mécène et des commandes. En dehors de Paris, la ville de Lyon est une grande ville de théâtre où la troupe de Molière s'est beaucoup produite par exemple, pendant ses années de théâtre itinérant.

Les règles appliquées au théâtre

La saison théâtrale s'articule au XVIIe siècle **autour des fêtes religieuses de Pâques** : elle se finissait avant le Carême de Pâques durant lequel aucun spectacle n'était autorisé (mars-avril en général) et reprenait après les fêtes. Ainsi une pièce jouée en février ne pouvait généralement pas être reprise en avril ou mai par exemple, après la coupure, puisqu'il s'agissait d'une nouvelle saison. Les spectacles par ailleurs étaient soumis à une réglementation stricte à Paris, qui imposait notamment un début des représentations à 14 h, surtout en hiver pour permettre aux spectateurs de rentrer en sécurité chez eux par les rues très étroites et rapidement très sombres.

Le regard de l'Église

Le théâtre au XVIIe siècle rencontre beaucoup de succès mais reste cependant **mal vu par l'Église.** En 1641 une déclaration royale de Louis XIII lève « l'infâmie » qui pesait sur les acteurs, si la troupe consent à jouer des pièces « exemptes d'impuretés ». Mais les comédiens restent considérés comme des personnes de peu de foi et on leur demande de se confesser et de **signer un acte de renonciation à la profession de comédien au moment de mourir**, pour leur accorder une cérémonie funéraire chrétienne. Armande, l'épouse de Molière, eut ainsi bien des difficultés à lui obtenir une sépulture chrétienne puisqu'il est mort brutalement avant que n'arrive le prêtre qu'il avait fait demander. Après enquête de l'archevêché, Molière eut droit à un enterrement chrétien mais celui-ci eut lieu à 21 heures le 21 février 1673, sans grande cérémonie malgré la célébrité du défunt.

L'Église montre aussi un très grand pouvoir sur le théâtre lui-même et les représentations comme le révèle l'affaire du *Tartuffe* : cette pièce plut au Roi en 1664 lorsque Molière la lui proposa à Versailles, mais le monarque dut l'interdire en raison de **l'influence de la Compagnie du Saint Sacrement** qui la trouva provocatrice envers la religion et irrespectueuse des croyants. La pièce ne fut finalement autorisée qu'en 1669, une fois le parti des dévots largement affaibli et Louis XIV ne risquant plus un impair politico-religieux.

L'actualité scientifique : la question de la médecine

La théorie des humeurs

La médecine au XVIIe siècle est encore sous l'influence des préceptes de Galien et d'Hippocrate, des médecins de l'Antiquité, qui ont formulé **la théorie des humeurs et des tempéraments.** Dans cette vision du corps humain, l'être est régi par le sang, la lymphe, la bile noire et la bile jaune, et toute maladie provient du déséquilibre de l'une de ces humeurs. **Un des remèdes les plus fréquemment prescrits est alors la saignée** puisque l'on pense alors qu'on pourra ainsi évacuer le mal en prélevant du sang du malade. Cette méthode inutile et parfois dangereuse puisqu'elle affaiblissait gravement le corps, était préconisée par exemple par **Guy Patin**, professeur au Collège Royal de France à partir de 1655. Cet homme reconnu et admiré en son temps **servit de modèle à Molière pour son personnage de Thomas Diafoirus.**

Au cours du siècle, de nouvelles théories et des découvertes font jour cependant, mais peinent à s'imposer, créant des débats passionnés. Ainsi William Harvey expose sa découverte de la double circulation sanguine dès 1628 mais son travail est soumis à de rudes critiques, entraînant la formation de deux camps, les « *circulationnistes* » (ceux qui soutiennent la théorie moderne) et les « *anti-circulationnistes* » (ceux qui soutiennent les théories anciennes), dont fait partie Thomas Diafoirus comme on le voit à l'acte II, scène 5 quand son père le présente :

> « il s'attache aveuglément aux opinions de nos anciens, [...] jamais il n'a voulu comprendre ni écouter les raisons et les expériences des prétendues découvertes de notre siècle touchant la circulation du sang et autres opinions de même farine »

Médecins, chirurgiens, apothicaires et rebouteux

Pour bien comprendre, la pièce de Molière il faut savoir que **les médecins étaient très peu nombreux** en France à la fin du XVIIe. Leur art est donc réservé aux personnes les plus riches et pourtant leurs connaissances du corps humain ne sont que théoriques, puisque les cours de la Faculté de médecine se composent de commentaires des textes anciens. Les médecins proposent donc des remèdes dans une méconnaissance presque totale du fonctionnement interne du corps humain. Mais **ils font impression** par leur connaissance du latin et leur tenue composée d'une robe noire, d'une fraise et d'un chapeau noir.

Ceux qui ont une connaissance pratique du corps humain sont **les chirurgiens**, qui n'ont par ailleurs **aucune formation médicale**. Ce sont la plupart du temps des barbiers, à qui l'on confie aussi le soin de traiter les plaies, inciser les abcès… Ce sont ensuite **les apothicaires** qui ont en charge en particulier l'administration des clystères, c'est-à-dire des lavements dont ils **s'occupent de la fabrication**, sur prescription médicale. On en trouve une représentation avec monsieur Fleurant dans *Le Malade imaginaire,* son nom évoquant les plantes utilisées pour la fabrication des remèdes.

Il faut enfin mentionner, pour la majorité des gens au XVIIe, le recours au **rebouteux,** en particulier dans les campagnes, c'est-à-dire « celui qui remet les os bout à bout », et le recours à une **automédication** liée à la connaissance populaire des plantes ou des remèdes traditionnels. Mais on meurt beaucoup de « fièvres » diverses au XVIIe, à tous les niveaux de la société, la peste sévit encore par intermittences[1] et la mortalité infantile est très élevée : Molière perdit ainsi, avant qu'ils aient un an, trois des quatre enfants nés de son union avec Armande Béjart.

Argan est donc un bourgeois aisé pour faire appel à des médecins et à un apothicaire. C'est d'ailleurs ce que précise Toinette à l'acte I scène 5 (« avec tout le bien que vous avez, vous voudriez marier votre fille à un médecin ? »). Il voit alors comme un grand prestige social de pouvoir marier sa fille à un médecin, sans compter l'avantage personnel qu'il souhaite en retirer.

1. Le dramaturge Jean de Rotrou en meurt par exemple en 1650 à Dreux.

Louis XIV et les médecins

Louis XIV a connu une longévité exceptionnelle puisqu'il est mort à l'âge de 77 ans mais sa vie a été traversée de **très nombreuses maladies**, dont certaines auraient pu être mortelles comme la rougeole, la scarlatine et la vérole qu'il eut enfant. Mais il souffrit aussi de la typhoïde à 19 ans et de nombre de problèmes digestifs ou rhumatismaux qui lui valurent de nombreuses saignées et des lavements tout aussi réguliers. Il bénéficie cependant aussi des découvertes médicales comme celle du quinquina qui lui permet de guérir d'une forte fièvre en 1649, ainsi que nous l'apprend le journal de ses médecins, tenu dès l'âge de ses cinq ans.

La Cour est endeuillée en 1666 par la mort de la Reine Mère, Anne d'Autriche, pour laquelle le roi a fait intervenir les médecins de Cour mais aussi des médecins venus spécialement de Lorraine, en vain. Le Roi, comme son entourage, est donc un habitué des médecins et de la médecine et il ne peut qu'apprécier les comédies qui les mettent en scène et les tournent en ridicule, soulignant leur **incompétence notoire** au XVIIe siècle.

Molière : un dramaturge illustre et créatif en son temps

Un homme érudit et reconnu

On a souvent voulu faire de Molière un homme en rupture avec sa famille, et son père en particulier, construisant son univers théâtral en assistant à des spectacles de rue puis parcourant la France en mourant de faim et à la recherche d'un protecteur. Il apparaît que ce portrait est très caricatural et même erroné car Molière a en réalité acquis une **forte notoriété dès ses débuts** et n'a jamais été renié par son père, Jean Poquelin, dont il reprend en 1660 la charge reconnue et très honorable de **tapissier valet de chambre du Roi**. Il se trouve en effet un trimestre par an, responsable de l'état des meubles, des tissus et des tapisseries de la Chambre du Roi, mais aussi de l'installation complète de la chambre du monarque lors de ses déplacements.

Né en 1622, il grandit donc dans un **milieu de riches bourgeois**, familiers de la Cour et de la noblesse parisienne, du fait de la charge professionnelle du père et il suit le parcours d'éducation d'un fils de bourgeois jusqu'à des études de droit qu'il n'a sans doute pas achevées. Ses pièces font la preuve d'une **culture littéraire et théâtrale solide** puisqu'on y retrouve l'influence d'auteurs latins comme Ovide et Plaute ou de la Renaissance comme Rabelais, mais aussi des auteurs contemporains. Il s'inspire également des comédies italiennes de son temps mais aussi des comédies espagnoles qu'il lit, par exemple dans la traduction de Scarron. Il côtoie par ailleurs un milieu lettré, vit une rivalité féroce avec les frères Corneille et assiste à la naissance dramaturgique de Racine, de dix-sept ans son cadet. L'invention dont il fait preuve dans son écriture théâtrale est donc en appui sur **une actualité et sur une tradition qu'il connaît, renouvelle et réinvente pour créer un théâtre novateur, plébiscité par son public et en particulier le Roi.**

Une vie vouée à la scène

Des protecteurs illustres : une ascension fulgurante

À l'âge de 21 ans Molière fonde avec la famille Béjart, la compagnie de **l'Illustre Théâtre.** Il montre par là ses rêves de grandeur et sa très grande assurance puisqu'il **ambitionne de se faire une place à Paris, avec une troupe permanente**, alors même qu'il n'a pas créé sa notoriété par des tournées dans le pays et qu'il n'a pas de protecteur reconnu. L'Illustre Théâtre remporte un grand succès et Gaston d'Orléans, frère de Louis XIII, autorise même la troupe à se déclarer « entretenue par son Altesse Royale ». Elle est alors reçue pour des représentations privées dans les milieux aristocratiques, en plus des représentations permanentes dans son théâtre de la rue de Seine. Pourtant les dettes dues aux dépenses engagées pour l'installation du théâtre dans l'ancien jeu de paume des Métayers et surtout la concurrence des autres troupes permanentes de Paris ont raison des finances du théâtre. La compagnie est donc dissoute à peine deux ans après sa fondation mais grâce à Madeleine Béjart, quatre de ses membres, dont Molière, sont **engagés par la Compagnie de Charles Dufresne, sous la protection du duc d'Epernon.** Rapidement cette troupe, qui parcourt toute la France devient celle de Molière et sa renommée lui accorde la protection du **prince de Conti en 1653**. Lorsqu'ils reviennent à Paris en **1658**, ils sont choisis pour être la **troupe officielle de Philippe d'Anjou, le frère du Roi** et la salle du Petit Bourbon leur est mise à disposition gratuitement, en partage avec les Comédiens Italiens. La troupe se produit de plus en plus à la Cour devant le Roi, se déplace à Fontainebleau, à Saint Cloud, à Versailles. Et après une nouvelle grande soirée à Versailles, en **1665**, à l'issue de la représentation de *Dom Juan,* la troupe n'est plus la « troupe de Monsieur » mais la « **Troupe du Roi** ». Et, petit fait anecdotique mais hautement symbolique, le premier enfant de Molière et Armande Béjart, né en janvier 1665, se prénomme Louis car son parrain n'est autre que Louis XIV.

L'inventivité théâtrale

La carrière théâtrale de Molière est composée d'inventions et innovations successives qui ont fait de lui le maître de la comédie. L'Illustre Théâtre propose tout d'abord la mise en scène de pièces écrites par d'autres, des tragédies de Tristan L'Hermite par exemple. Molière ne commence à écrire de petites farces qu'une fois la troupe partie en Province, tout d'abord des textes qui n'étaient pas destinés à publication et qui servaient surtout de support d'improvisation pour les comédiens de la troupe. On trouve là l'inspiration de la comédie italienne, qui se confirme avec les premières pièces dont nous ayons une trace : *L'Étourdi* puis *Le Dépit amoureux,* toutes deux présentées ensuite avec succès à Paris en 1658. Mais Molière installe véritablement son nom comme dramaturge de talent avec ***Les Précieuses Ridicules* en 1659** : il invente là un nouveau burlesque en parodiant à l'extrême les codes de la galanterie des salons. L'année suivante il crée, avec *Sganarelle ou le cocu imaginaire,* un personnage repris ensuite et développé dans de nombreuses autres pièces, le « bon bourgeois obtus et anti galant, fort de ses prérogatives de mari et persuadé de la légèreté et de l'infériorité des femmes[1] ». Et surtout Molière invente avec *Les Fâcheux,* la comédie ballet, à la faveur d'une fête donnée par Nicolas Fouquet à Vaux le Vicomte en 1661 (voir ci-dessous).

La création théâtrale moliéresque est à comprendre alors **à travers les lectures, les réflexions et découvertes personnelles** de Molière mais aussi dans **l'évolution des commandes et des circonstances** : *L'École des femmes* (1662) offre un écho aux débats des salons sur la question de l'éducation, en particulier des femmes ; *La Critique de l'École des femmes* est écrite pour entretenir ce débat au-delà de la saison théâtrale ; *L'impromptu de Versailles* (1663) puis *La Princesse d'Elide* (1664) sont créés lors de fêtes données à Versailles par Louis XIV ; *Dom Juan* (1665) répond aux attaques lancées par le parti des dévots contre *le Tartuffe,* accusé d'impiété l'année précédente. Molière se consacre à tous les sujets du temps et crée en renouvelant les comédies italiennes ou espagnoles dont il s'inspire en partie : il met ainsi en scène la question de la vanité (*Le Bourgeois gentilhomme,* 1670, *Les Femmes savantes,* 1672), de l'hypocrisie sociale (*Le Misanthrope,* 1666) l'impuissance des médecins (*Le Médecin malgré lui,* 1666, *Le Malade imaginaire,* 1673)..., **réinventant sans cesse les gammes du comique et créant de nouvelles figures théâtrales.**

Une ultime comédie ballet

La comédie ballet, une invention de Molière

Le Malade imaginaire est une œuvre de Molière mais si l'on veut être complet, il faut préciser que c'est une œuvre de Beauchamp, Charpentier et Molière. Cette pièce fait partie en effet de la douzaine de comédies ballets créées par Molière à partir de 1661. Lorsque Nicolas Fouquet alors Surintendant des finances de Louis XIV donne une grande fête en l'honneur du Roi en son **château de Vaux le Vicomte**, il souhaite en effet offrir un spectacle de danse, à l'intérieur duquel on intercalerait des parties jouées. C'est une forme

1. Georges Forestier, *Molière,* Biographies nrf Gallimard, 2019.

de spectacle qui existe déjà mais Molière décide alors de **donner le même sujet à la comédie et au ballet**, ce qui signe l'acte de naissance d'un nouveau genre dans lequel le chant et la danse complètent l'action théâtrale qui elle-même répond aux autres arts. Le réalisme des situations présentées se mêle de la fantaisie et du merveilleux des parties de ballet pour créer **un spectacle complet** dont la signification est à prendre en son ensemble.

La comédie ballet, qu'il ne faut donc pas confondre avec l'opéra, entièrement chanté et mis en musique, connaît un très grand succès pendant toute la vie de Molière. Il collabore surtout avec Jean-Baptiste **Lully**, surintendant de la musique du Roi, puis avec Marc-Antoine **Charpentier** pour la musique, et avec Pierre **Beauchamp** pour la danse. Mais le genre disparaît presque totalement après la mort de Molière.

Une œuvre testament ?

Le malaise fatal de Molière sur la scène du théâtre du Palais Royal a forgé en grande partie la renommée et même d'une certaine façon la légende du dramaturge. Sans doute **emporté par une pneumonie, Molière meurt en effet le 17 février 1673, après une représentation du *Malade imaginaire*** où il incarne Argan. Les circonstances de sa mort puis les difficultés de sa veuve à organiser des obsèques chrétiennes, contribuent à son portrait d'homme de théâtre complet, se consacrant à la scène jusqu'à son dernier souffle, puisqu'il meurt en interprétant un rôle qu'il a à la fois écrit et mis en scène. Beaucoup ont voulu alors voir dans le rôle d'Argan un double de Molière lui-même, aigri, apeuré, joué par son entourage et pressentant sa mort prochaine.

Il faut surtout voir dans le personnage d'Argan, comme dans l'ensemble de cette pièce, une **somme du parcours théâtral de Molière**. Dans un spectacle complet, mettant en œuvre toute l'étendue de ses **talents de dramaturge** et dans **une alliance subtile avec la musique et la danse**, il passe en effet de la farce la plus débridée à la réflexion la plus sérieuse et la plus humaniste. Et on y retrouve ses **préoccupations majeures** : la question des liens familiaux, à travers le pouvoir des pères et les mariages forcés ; l'hypocrisie des relations humaines fondées sur le mensonge, la recherche de profit et l'absence de scrupules face à la naïveté ; et surtout un thème central dans son œuvre, le charlatanisme des médecins.

Réception et postérité : une œuvre patrimoniale

Molière figure tutélaire de la Comédie-Française

Les représentations de la pièce interrompues après la quatrième représentation le 17 février 1673, par la mort de Molière, sont reprises dès le 2 mars de la même année, le temps que le comédien La Thorillère apprenne le rôle. Les recettes du théâtre montrent que ces représentations eurent un très grand succès. Mais après la relâche de Pâques, la troupe de Molière perd la salle du Palais Royal et se réinstalle, en fusionnant avec la troupe du Marais, rive gauche dans un **théâtre de la rue Guénégaud**. C'est dans cette salle que la troupe de l'Hôtel de Bourgogne les rejoint en 1680 et que nait alors, par ordonnance royale, l**a Comédie-Française, surnommée la « maison de Molière »**. À son répertoire se trouvent toutes les pièces de Molière et de Racine mais aussi des œuvres de Corneille, de Scarron et Rotrou. Et toujours aujourd'hui le fauteuil de Molière, avec lequel il joua le rôle d'Argan, est exposé dans une vitrine, dans le foyer de la Comédie-Française, installée depuis 1799 au Palais Royal.

Postérité du *Malade imaginaire*

Molière n'a donc pas pu connaître le succès de sa pièce puisqu'il est mort après la quatrième représentation et qu'il ne l'a donc pas vue jouée à Versailles au mois de juillet 1674. Et si l'on oublie parfois que la pièce comprend une partie chantée et dansée, c'est parce que **la partition de Marc-Antoine Charpentier a été remaniée plusieurs fois** après la mort de Molière, perdue en partie et que bien d'autres compositeurs ont proposé leur propre mise en musique des intermèdes. Jusqu'à aujourd'hui encore la musique de Charpentier et donc le livret composé pour la pièce de Molière fait l'objet de recherches et de publications scientifiques de musicologues avertis. Mais en dehors de ces variations musicales, la pièce représente indéniablement l'**une des œuvres les plus jouées du dramaturge** et **Argan est l'un des personnages les plus connus du répertoire comique français.** Chaque nouvelle saison théâtrale en France connaît de nouvelles propositions de mises en scène de la pièce et la Comédie-Française en a fait un de ses classiques (Guillaume Gallienne est, en 2020, l'interprète le plus récent d'Argan).

Construction d'une œuvre à la structure complexe : plaire par un spectacle varié

Complexité de la composition

La pièce est organisée en différentes étapes qui font alterner le chant, la danse et le jeu théâtral, selon les codes de la comédie-ballet inventée par Molière.

On trouve tout d'abord une églogue *« en musique et en danse »*

Une églogue est une forme poétique inspirée de textes de l'Antiquité. Les personnages en sont des bergers et des bergères, ainsi que des personnages aux noms tirés de la mythologie et évoquant la nature : Flore, Pan, Climène, Daphné, Tircis et Dorilas. Il s'agit alors de ce qu'on appelle **un univers de pastorale**, l'intrigue se déroule dans un cadre qui n'a rien de réaliste, la fonction de berger et bergère n'est là que pour évoquer une nature idyllique et bienveillante et les personnages échangent sur des questions liées à l'Amour. Ici le cadre de la pastorale est un prétexte : Tircis et Dorilas s'efforcent d'obtenir des aveux d'amour de la part de Climène et Daphné, mais le véritable sujet du dialogue est le retour victorieux du roi après la campagne de Hollande :

> « Vos vœux sont exaucés. LOUIS est de retour ;
> Il ramène en ces lieux les plaisirs et l'amour,
> Et vous voyez finir vos mortelles alarmes ;
> Par ses vastes exploits son bras voit tout soumis »

Cette églogue est donc un prologue de la pièce qui présente des dialogues versifiés destinés à être chantés et entremêlés de danses. Il a alors pour fonction de chanter les louanges de Louis XIV à qui est offert ce spectacle. Il s'agit aussi de lui plaire dès l'ouverture du rideau par le choix d'un univers merveilleux et mythologique dans lequel il s'est plu lui-même à danser lors de nombreux spectacles.

Puis la pièce commence et fait alterner **les trois actes de l'intrigue théâtrale avec trois intermèdes.**

Les trois actes

Ils mettent en scène Argan, le malade imaginaire, et sa famille autour du nœud que constitue son hypocondrie, c'est-à-dire son obsession pour la maladie, et sa vulnérabilité. **Le premier acte est largement consacré à l'exposition** : Argan est présenté comme uniquement préoccupé de sa maladie prétendue et des médecins qui l'accompagnent ; les projets de mariage d'Angélique et Cléante sont alors contrecarrés par l'idée d'Argan d'avoir un gendre médecin ; Toinette, la servante, se présente comme alliée de la jeune fille quand Béline, la seconde épouse d'Argan, semble surtout préoccupée par son héritage. Au **deuxième acte se noue l'intrigue autour de la question du mariage liée à l'hypocondrie d'Argan** : Cléante met en place un stratagème pour approcher Angélique et les médecins entrent en scène, vaniteux et ridicules. La longue scène 5 de cet acte II est l'acmé de la pièce, le point culminant, le moment où le nœud semble le plus difficile à dénouer. Argan est en effet en adoration devant les Diafoirus, Cléante et Angélique échangent des aveux d'amour sincères et désespérés et Toinette rivalise d'ironie. À la fin de cet acte apparaît un personnage sage, auxiliaire essentiel du dénouement à l'acte suivant, Béralde, le frère d'Argan. **Le dernier acte est celui des stratagèmes, des révélations et des retournements de situations jusqu'à la résolution**. L'hypocondrie d'Argan étant une folie que rien ne peut guérir et les médecins étant définitivement des charlatans, il s'agit alors de révéler le vrai visage de l'hypocrite Béline, de permettre aux jeunes gens de se marier et de trouver une forme d'apaisement à

Argan en éliminant l'influence néfaste des Diafoirus, Purgon et Fleurant. Cette dernière étape trouve sa réalisation dans l'intermède final, la cérémonie burlesque.

Les trois intermèdes

Sous forme majoritairement versifiée, ils apportent, comme leur nom l'indique, des **moments intermédiaires de chant et de danse**, mais ils ne sont pas pour autant similaires, Molière mettant en place une forme de progression. **Le premier intermède** fait en quelque sorte la jonction entre l'univers merveilleux de l'églogue et l'univers réel et quotidien de la comédie. Il présente en effet le personnage de Polichinelle dans **une saynète farcesque détachée de l'intrigue théâtrale**. Le jeune homme essaie ainsi de faire une sérénade à la femme qu'il aime mais il se heurte à différents obstacles qui l'empêchent de mener son projet à bien. Cet intermède apporte une pause plaisante au spectateur après les multiples annonces de l'"exposition, mais il conserve la thématique de l'amour contrarié et Polichinelle est aussi annoncé par Toinette comme son amant. Dans le **deuxième intermède, le spectacle entre dans l'intrigue théâtrale** puisque le divertissement est offert par Béralde à son frère Argan. Des femmes mores chantent et dansent, exhortant à céder aux douceurs de l'amour. Enfin **le troisième intermède** réunit les caractéristiques des deux premiers : le spectacle est de nouveau intégré à l'intrigue théâtrale, et cette fois Argan est un des acteurs de cette cérémonie fantaisiste et parodique de la réception d'un médecin. La pièce se clôt donc sur une réunion du théâtre, du chant et de la danse, Argan dansant parmi les faux médecins, se croyant peut-être lui-même investi en médecine.

Cette structure de l'œuvre est ainsi à considérer comme un **tout cohérent construisant un spectacle complet**, il ne faut donc pas concentrer son attention sur les seules parties théâtrales car la pièce est bien conçue comme un ensemble alliant de multiples expressions artistiques du spectacle vivant, la danse, le chant, la musique, le théâtre. Les parties du spectacle, hors jeu théâtral, peuvent d'ailleurs représenter jusqu'à une heure dans le temps de la représentation, ce qui est loin d'être négligeable.

Complexité de la mise en scène

Un décor changeant

La diversité induite par l'alternance des intermèdes et des actes entraîne une mise en scène complexe qui suppose des changements de décor et qui **joue alors avec l'unité de lieu** préconisée dans la comédie classique. Parmi les règles qui régissent la comédie au XVIIe se trouve en effet la nécessité de faire se dérouler l'intrigue en un seul lieu, afin de limiter les contraintes des changements de décor pour la troupe mais aussi de ne pas disperser l'attention du spectateur avec des ingéniosités techniques ou des découvertes nouvelles. Tout doit être fait pour concentrer le regard et la réflexion sur l'intrigue et les personnages.

Or ici l'églogue présente « *un lieu champêtre* », on imagine alors des éléments évoquant la campagne, de la verdure, des rochers et pourquoi pas un troupeau de moutons sur une toile peinte... Puis à la fin de cette étape « *le théâtre change et représente une chambre* ». Nous passons donc **de l'extérieur à l'intérieur, d'un lieu lié à un univers merveilleux de pastorale à un lieu de la vie quotidienne**, ici un intérieur bourgeois. Une modification radicale a lieu, de même, lors du premier intermède : « *le théâtre change et représente une ville* » pour les tentatives de sérénade de Polichinelle. Nous repassons alors de **l'intérieur à l'extérieur**, avant de revenir à nouveau à la chambre d'Argan pour le deuxième acte. On doit donc envisager des éléments de décor faciles à déplacer, d'autant que le premier intermède, comme l'églogue d'ailleurs, fait intervenir un ballet composé de nombreux danseurs et des musiciens., ce qui exige de l'espace sur le plateau scénique. **Les deux intermèdes suivants sont des spectacles proposés chez Argan**. Le décor ne change donc pas totalement cette fois, mais les indications du dramaturge laissent entendre un équipement de la troupe en mobilier puisque « *plusieurs tapissiers viennent préparer la salle et placer les bancs en cadence* » (3e intermède).

Il faut donc envisager trois lieux différents représentés sur le plateau théâtral : la campagne pour la pastorale de l'églogue, la ville pour la sérénade de Polichinelle et la chambre d'Argan, suffisamment vaste pour se transformer en lieu de spectacle.

Une troupe artistique très nombreuse

À ces contraintes scénographiques, s'ajoutent des contraintes sur le nombre de comédiens, danseurs, chanteurs et musiciens : outre les personnages de l'intrigue autour d'Argan, et outre les personnages qui chantent lors de l'églogue et des trois intermèdes, il faut en effet compter un corps de ballet complet pour jouer une « *troupe des bergers et des bergères* » (églogue), des « *archers danseurs* » (premier intermède), un ballet de Mores avec des singes (2e intermède) et enfin « *huit porte-seringues, six apothicaires, vingt-deux docteurs* [...] *huit chirurgiens dansants* » (3e intermède). Et n'oublions pas les musiciens qui accompagnent les passages chantés et dansés.

Les comédiens ne sont donc qu'une petite partie de la troupe artistique et il faut envisager le travail complet autant que complexe nécessité par la mise en scène d'une comédie ballet. Le maître de ballet Beauchamp, le compositeur de la musique Charpentier et le dramaturge Molière collaboraient donc étroitement à la création du spectacle pour lui apporter cohérence et unité dans la diversité. Les comédiens eux-mêmes devaient faire preuve de qualités artistiques diverses : Armande Béjart, qui jouait ici le rôle d'Angélique, était réputée pour être chanteuse et musicienne, mais d'autres comédiens moins aguerris au chant, durent prendre des cours particuliers spécifiques, comme le comédien Baron qui jouait le rôle de Cléante et devait donc chanter à l'acte II, scène 5[1].

1. Voir les indications sur la préparation des premières représentations de la pièce in *Molière* de Georges Forestier, biographies nrf Gallimard, chap. 25.

L'esthétique de la variété

Comme chez Jean de La Fontaine qui écrit ses fables à la même époque que Molière compose ses pièces, la **variété des discours et des formes** est à considérer comme une démarche essentielle de l'écriture pour entraîner le plaisir du spectateur et susciter l'attention. Il s'agit en effet pour les auteurs de l'âge classique de **plaire et instruire**, le plaisir du texte et du spectacle apportant l'ouverture de l'esprit à la démarche de la réflexion.

La variété des échanges théâtraux

L'alternance des actes et des intermèdes permet évidemment de varier l'expression des personnages en alternant des passages chantés et des passages parlés. Mais même dans les parties théâtrales, **Molière exploite toutes les potentialités de l'écriture dans les formes de répliques des personnages**, apportant une grande variété rythmique à la conduite des scènes. Ainsi dans la scène majeure de l'acte II, scène 5 se succèdent, entre autres procédés, une superposition de répliques courtes de Monsieur Diafoirus et Argan qui parlent en même temps :

> « ARGAN. — Je reçois, Monsieur... (*Ils parlent tous deux en même temps, s'interrompent et confondent.*)
>
> MONSIEUR DIAFOIRUS. — Nous venons ici, Monsieur...
>
> ARGAN. — Avec beaucoup de joie...
>
> MONSIEUR DIAFOIRUS. — Mon fils Thomas, et moi...
>
> ARGAN. — L'honneur que vous me faites...
>
> MONSIEUR DIAFOIRUS. — Vous témoigner, Monsieur...
>
> ARGAN. — Et j'aurais souhaité... » ;

un échange de répliques courtes et croisées entre cinq personnages ; la tirade du long portrait ridicule de Thomas Diafoirus par son père :

> « Monsieur, ce n'est pas parce que je suis son père, mais je puis dire que j'ai sujet d'être contente de lui, et que tous ceux qui le voient ceux qui le voient en parlent comme d'un garçon qui n'a

point de méchanceté. Il n'a jamais eu l'imagination bien vive, ni ce feu d'esprit qu'on remarque dans quelques-uns mais c'est par là que j'ai toujours bien auguré de sa judiciaire, qualité requise pour l'exercice de notre art. Lorsqu'il était petit, il n'a jamais été ce qu'on appelle mièvre et éveillé. [...] » ;

une conversation mondaine doublée d'un échange en aparté entre Angélique et Cléante :

« ARGAN, *à Cléante*. — Monsieur, faites un peu chanter ma fille devant la compagnie.

CLÉANTE. — j'attendais vos ordres, Monsieur, il m'est venu en pensée, pour divertir la compagnie, de chanter avec Mademoiselle, une scène d'un petit opéra qu'on a fait depuis peu. Tenez, voilà votre partie.

ANGÉLIQUE. — Moi ?

CLÉANTE, *bas* à Angélique. — Ne vous défendez point, s'il vous plaît, et me laissez vous faire comprendre ce que c'est que la scène que nous devons chanter. (*Haut*). Je n'ai pas une voix à chanter, mais il suffit que je me fasse entendre, et l'on aura la bonté de m'excuser par la nécessité où je me trouve de faire chanter mademoiselle.

ARGAN. — Les vers sont-ils beaux ?

CLÉANTE. — C'est proprement ici un petit opéra impromptu, et vous n'allez chanter que de la prose cadencée ou des manières de vers libres, tels que la passion et la nécessité peuvent faire trouver à deux personnes qui disent les choses d'eux-mêmes et parlent sur-le-champ. » ;

un récit puis un dialogue lyrique versifié chanté par les deux amants, en imitation de la pastorale et sous les yeux d'Argan :

« ANGÉLIQUE. —

Je vous aime, je vous aime,
Oui Tircis, je vous aime

CLÉANTE. —

Dieux, rois, qui sous vos pieds regardez tout le monde,
Pouvez-vous comparer votre bonheur au mien ?
Mais, Philis, une pensée
Vient troubler ce doux transport
Un rival, un rival…

ANGÉLIQUE. —

Ah ! je le hais plus que la mort, Et sa présence, ainsi qu'à vous,
M'est un cruel supplice.

CLÉANTE. —

Mais un père à ses vœux vous veut assujettir.

ANGÉLIQUE. —

Plutôt, plutôt mourir,
Que de jamais y consentir ; Plutôt, plutôt mourir, plutôt mourir !

ARGAN. — Et que dit le père à tout cela ?… »

En une seule scène Molière propose ainsi des discours variés en usant habilement des multiples formes d'échanges possibles au théâtre. Et cette variété se retrouve dans l'ensemble de la pièce.

La variété des formes de discours

Molière propose **différentes formes de discours, direct ou rapporté.** La plupart du temps la situation d'énonciation est claire, le locuteur et l'interlocuteur directs sont les deux personnages en scène. Mais pour évoquer ce qui se passe en coulisses, Molière use aussi des discours rapportés, laissant alors place au récit. Ainsi à l'acte II, scène 8 Argan interroge Louison pour savoir ce qu'il s'est passé dans la chambre d'Angélique et la petite fille, sous la menace de son père, rapporte ce qui a été dit dans la chambre de sa sœur :

« LOUISON. — C'est mon papa, qu'il y est venu un homme dans la chambre de ma sœur comme j'y étais.

ARGAN. — Hé bien ?

LOUISON. — Je lui ai demandé ce qu'il demandait et il m'a dit qu'il était son maître à chanter.

ARGAN. — Hon, hon. Voilà l'affaire. Hé bien ?

LOUISON. — Ma sœur est venue après.

ARGAN. — Hé bien ?

LOUISON. — Elle lui a dit : « Sortez, sortez, sortez ; vous me mettez au désespoir. »

ARGAN. — Hé bien ?

LOUISON. — Et lui, il ne voulait pas sortir.

ARGAN. — Qu'est-ce qu'il lui disait ?

LOUISON. — Il lui disait je ne sais combien de choses.

ARGAN. — Et quoi encore ?

LOUISON. — Il lui disait tout ci, tout ça, qu'il l'aimait bien et qu'elle était la plus belle du monde… »

Ce procédé est courant dans le théâtre classique qui impose que toute l'action se déroule en un seul lieu et en un seul jour. Le récit permet donc de faire une **incursion hors du plateau scénique**, de donner matérialité aux coulisses dans l'intrigue. En tragédie, chez Racine par exemple, le récit peut permettre de raconter ce qu'on ne peut pas montrer du fait de la bienséance, comme la mort d'Hippolyte dans *Phèdre*, ou le suicide d'Eriphile dans *Iphigénie*. Ici le procédé a une fonction plus comique : **l'écriture théâtrale qui juxtapose le discours scénique et le discours rapporté**, permet de **jouer de manière plaisante sur les réactions** du personnage dont on a trompé la vigilance. Déjà, dans *L'École des femmes*, créée par Molière en 1659, Agnès racontait innocemment à son tuteur que le jeune Horace était venu lui rendre visite pour lui parler d'amour et lui avait pris un ruban. **Trois discours se superposent ici, dans notre extrait du *Malade imaginaire*, créant trois niveaux de spectacle** : le discours rapporté de l'échange qui a eu lieu hors de la scène, le dialogue explicite sur scène entre le père et la jeune fille qui fait la révélation, le discours caché du père qui bout de colère et enrage de se voir dupé mais s'efforce de n'en rien laisser paraître.

Dans un registre plus farcesque Toinette invente à l'acte III, scène 7 à 10, des échanges de parole en coulisses avec le prétendu médecin, qu'elle incarne en fait elle-même. Ces paroles rapportées apportent ainsi de la variété et du dynamisme au spectacle en donnant en même temps une **forme de réalité à ce qui se passe en coulisse, hors du plateau du théâtre**.

La variété des discours peut être étudiée en particulier autour des deux thèmes centraux de l'œuvre, l'amour et la médecine. En multipliant les discours, les voix et les rythmes sur ces deux thèmes Molière construit en effet une réflexion complète et complexe.

Variations sur l'amour

L'amour est un **thème central de l'églogue et des intermèdes, construisant une chaîne thématique** dans la variété des discours : dans l'ouverture pastorale, Tircis et Dorilas se plaignent, en vers et dans un langage précieux, du dédain de Flore et Climène ; puis Polichinelle, dans le premier intermède d'inspiration farcesque, cherche à séduire lui aussi la femme qu'il aime, mais dans un discours moins policé : « je viens voir si je ne pourrais pas adoucir ma tigresse par une sérénade ». Et enfin dans le deuxième intermède, d'inspiration orientale, les femmes mores exhortent, dans des vers qui rappellent le *carpe diem* de la poésie Ronsard, à se laisser aller aux douceurs de l'amour :

> « Profitez du printemps
> De vos beaux ans,
> Aimable jeunesse,
> Profitez du printemps
> De vos beaux ans,
> Donnez-vous à la tendresse »

Ces voix très diverses continuent et diversifient la réflexion sur l'amour qui **se construit à travers la pièce** puisque Angélique et Cléante s'aiment et désespèrent de pouvoir se marier : Cléante choisit ainsi le motif de la pastorale (comme dans l'églogue) pour parler d'amour à Angélique devant son père :

> « Hélas ! belle Philis
> Se pourrait-il que l'amoureux Tircis
> Eût assez de bonheur
> Pour avoir quelque place dans votre cœur ? »

Les paroles rapportées par Louison, comme nous l'avons vu, à l'acte II scène 8 montrent ensuite la sincérité des échanges amoureux dans les compliments et les aveux d'amour, puis les suppliques de Cléante lors du dénouement poursuivent la démonstration de la sincérité d'un amour prêt à tout accepter. Ici le vocabulaire est teinté de la préciosité des salons :

> « CLÉANTE *se jette à genoux.* – Eh ! Monsieur, laissez-vous toucher à ses prières et aux miennes et ne vous montrez point contraire aux **mutuels empressements d'une si belle inclination** [...] s'il ne tient qu'à cela pour être votre gendre, je me ferai médecin, apothicaire même si vous voulez. Ce n'est pas une affaire que cela et je ferai bien d'autre chose pour obtenir la belle Angélique. »

Il faut noter en contre point les fausses protestations d'amour de Béline auxquelles seul Argan est dupe : « voilà une femme qui m'aime… cela n'est pas croyable » dit-il à l'acte II scène 6, avant de l'entendre dire quand elle le croit mort : « il n'est pas juste que j'ai passé sans fruit auprès de lui mes plus belles années ».

La pièce propose ainsi **de multiples discours et des variations sur l'amour**, dans l'imaginaire des parties chantées et dansées comme dans l'inspiration réelle de la partie théâtrale : il s'agit bien à travers toutes ces voix et situations de se questionner sur la sincérité du sentiment, sur son expression et la possibilité de se laisser emporter par la douceur d'aimer. **Le choix d'un discours multiple, montre l'habileté du dramaturge mais révèle aussi l'universalité du questionnement et il permet à chacun de trouver une expression qui le touche et le questionne.**

Variations sur la médecine

La médecine et les médecins sont aussi une source d'inspiration féconde pour des variations multiples du discours. **La pratique médicale est ainsi présentée en actes**, par exemple lors de la consultation d'Argan par les Diafoirus à l'acte II, scène 6 lorsque les deux hommes lui prennent le pouls et commentent :

« Thomas Diafoirus. — *Dico* que le pouls de monsieur est le pouls d'un homme qui ne se porte point bien.

Monsieur Diafoirus. — Bon

Thomas Diafoirus. — Qu'il est duriscule, pour ne pas dire dur. [...] Et même un peu caprisant [...] ce qui marque une intempérie dans le parenchyme splénique, c'est-à-dire la rate »

À cette mise en situation qui se veut sérieuse, avec l'emploi du latin et de termes médicaux, répond l'imitation burlesque par Toinette qui s'est déguisée en médecin à l'acte III, scène 10 :

« Toinette. — donnez-moi votre pouls. Allons donc que l'on batte comme il faut. Ah ! je vous ferai bien aller comme vous devez. Ouais ! ce pouls-là fait l'impertinent ; je vois bien que vous ne me connaissez pas encore. »

Mais **il est question de médecine et de soins, dès l'ouverture de la pièce**, par le monologue d'Argan qui fait les comptes de tout ce qu'il doit à son médecin et à son apothicaire, en énumérant de manière très technique tous les traitements prescrits, « bonne médecine purgative et corroborative ». Les **références aux purges et aux lavements** parcourent ainsi toute la pièce : Argan ne peut parler à sa fille à l'acte I, scène 3 puisque le lavement qu'il a pris est en train de faire effet. Et à l'acte III, scène 4 comme monsieur Fleurant vient les interrompre, Béralde, le frère d'Argan, remarque : « vous vous moquez. Est-ce que vous ne sauriez être un moment sans lavement ou sans médecine ? »

On entend alors le **discours du prétendu malade, du médecin, de l'apothicaire**, c'est-à-dire de ceux qui sont directement concernés par la médecine, **mais aussi de ceux qui la regardent depuis l'extérieur, en spectateur**. Béralde en particulier développe un long discours sur la médecine à l'acte III, scène 3, pour essayer de faire entendre raison à son frère et lui ouvrir les yeux sur l'inutilité de toutes les prescriptions des médecins. A ce discours très sérieux, développé dans de longues répliques, fait écho en contre point le discours faussement élogieux de Toinette qui feint d'admirer le savoir de Thomas Diafoirus venu se présenter (acte II, scène 5).

La variété des discours participe donc du plaisir de la comédie ballet, elle permet au spectateur d'apprécier un spectacle changeant en proposant des paroles diverses, mais sur des thématiques communes qui préoccupent tous les personnages. Molière fait ici la preuve de ses recherches et connaissances précises sur le vocabulaire de la médecine, des potions et des médicaments en usage à son époque, comme il s'amuse des différents registres de langue et de jeu qui lui permettent de les mettre en scène.

La mise en abyme : une démultiplication des regards

On appelle mise en abyme le procédé qui consiste à représenter une œuvre dans une œuvre de même genre artistique. Ici donc nous parlerons de mise en abyme pour évoquer le fait que la comédie ballet du *Malade imaginaire* met elle-même en scène des parties de spectacle, **du théâtre dans le théâtre** ou une représentation jouée et chantée, dans laquelle **les personnages deviennent eux-mêmes des spectateurs, voire de nouveaux personnages**. Le divertissement royal que constitue *Le Malade imaginaire* se décompose donc lui-même en divertissements pour et par les personnages.

Le spectacle dans le spectacle par la structure de la comédie ballet

L'Églogue propose une structure cadre à la pièce du *Malade imaginaire* : ce prologue constitue déjà un début de spectacle comme nous l'avons vu, avec l'atmosphère champêtre de la pastorale, mais il est aussi une **présentation, à l'adresse des spectateurs du spectacle qui va suivre**. Le chœur des bergers, des bergères et des faunes chante les louanges du roi Louis XIV rentré victorieux de la guerre et annonce la pièce qui suit, « Laissons, laissons là sa gloire/Ne songeons qu'à ses plaisirs [...] Aux soins de ses plaisirs donnons-nous désormais ». La didascalie finale indique alors qu'après une dernière danse du corps de ballet, « *ils vont se préparer* *pour la comédie* ». La pièce qui suit est donc explicitement annoncée et présentée comme divertissement royal, par un prologue en forme de divertissement lui-même.

Le deuxième et le troisième intermèdes constituent ensuite d'évidence du spectacle dans le spectacle, puisque **les chants et les danses sont présentés comme des moments de divertissement offerts aux personnages** ; Béralde annonce ainsi l'intermède des femmes mores sur l'amour à l'acte II, scène 9 :

> « **Je vous amène ici un divertissement** que j'ai rencontré, qui dissipera votre chagrin [...] Ce sont des Égyptiens vêtus en Mores qui font des danses mêlées de chansons où je suis sûr que vous prendrez plaisir »

Et il annonce de même le troisième intermède à l'acte III, scène 14 :

> « Les comédiens ont fait un petit intermède de la réception d'un médecin, avec des danses et de la musique ; je veux **que nous en prenions ensemble le divertissement**, et que mon frère y fasse le premier personnage. »

Dans les deux cas le divertissement est annoncé comme tel, ayant pour objectif de plaire à ceux qui vont y assister, **les personnages deviennent des spectateurs au même titre que les spectateurs réels** de la salle de spectacle. Et Argan devient lui-même acteur du dernier divertissement. Molière dédouble donc la fonction attribuée à la comédie en mettant sur scène des situations où les personnages eux-mêmes apprécient une représentation.

La mise en abyme dans la partie théâtrale elle-même

En dehors des intermèdes explicites dans la construction de la pièce, d'autres passages mettent en œuvre ce procédé de mise en abyme. Tout d'abord nous pouvons considérer les passages où les personnages deviennent des spectateurs en toute conscience, en dehors des moments marqués des divertissements. Ainsi dans la grande scène 5 de l'acte II, **Thomas Diafoirus** se soumet à la coutume des compliments qu'il doit adresser à ses futurs beau-père et belle-mère puis à sa future femme. Les autres personnages sont donc spectateurs de cette **ridicule mise en scène**, menée sous la direction du père, Monsieur Diafoirus. Et Toinette, en spectatrice, commente de manière ironique les paroles prononcées :

> « Monsieur Diafoirus. — Allons, Thomas, avancez. Faites vos compliments.
>
> Thomas Diafoirus. — N'est-ce pas par le père qu'il convient de commencer ? […] Monsieur je viens saluer, reconnaître, chérir et révérer en vous un second père […]
>
> Toinette. — Vivent les collèges d'où l'on sort si habile homme !
>
> Thomas Diafoirus. — Cela a-t-il bien été mon père ?
>
> Monsieur Diafoirus. — *Optime.* »

Argan très satisfait de son côté de ce qu'il entend, se prépare même pour en entendre plus et met en place les conditions d'une écoute optimale :

> « Allons, vite, ma chaise, et des sièges à tout le monde. Mettez-vous là ma fille. Vous voyez, monsieur, que tout le monde admire monsieur votre fils. »

Finalement Angélique, aidée de Toinette, réussit à détourner le projet initial et les personnages bénéficient d'un **autre spectacle, de chant cette fois, sous prétexte de leçon** entre Cléante et Angélique, pour pouvoir échanger des paroles d'amour :

> « Cléante. — Il m'est venu en pensée, **pour divertir la compagnie**, de chanter avec mademoiselle, une scène d'un petit air d'opéra qu'on a fait depuis peu […] c'est proprement ici **un petit opéra impromptu**. »

La confrontation des deux spectacles improvisés présentés ici renforce encore le ridicule de la prestation de Thomas Diafoirus, tant son discours préparé est bête et tant les paroles improvisées des deux amants sont, elles, sincères et touchantes.

Le jeu de la double énonciation

L'intrigue laisse aussi voir des mises en scène par le fait des **stratagèmes de Toinette, mis en place à l'insu des autres personnages.** Molière met ici la double énonciation théâtrale au service du plaisir du spectateur puisque le spectateur est le témoin de confidences qui lui accordent un savoir supérieur à celui des personnages, et surtout d'Argan. Toinette annonce ainsi à l'acte I, scène 8 qu'elle va **feindre d'être d'accord** avec Argan et Béline pour mieux servir Angélique. Et elle prend encore un autre rôle à l'acte III en adoptant l'habit d'un médecin, pour tenter de révéler à son maître l'imposture de Monsieur Purgon, avec la complicité de Béralde. Elle se fait donc comédienne. Puis elle devient même **metteure en scène d'Argan** quand elle le persuade, à la fin de ce même acte, de contrefaire le mort pour éprouver la sincérité des sentiments de Béline puis d'Angélique à son égard. Elle feint alors de vouloir démontrer à Béralde que l'amour de Béline est sincère, ce faisant, elle piège Argan, mais pour piéger Béline :

> « TOINETTE. — C'est une femme sur laquelle il n'y a rien à dire, une femme qui aime monsieur, qui l'aime !... [...] (*à Béralde*) Voulez-vous que je vous convainque, et vous fasse voir tout à l'heure comme madame aime monsieur ? (*à Argan*) Monsieur, souffrez que je lui montre son bec jaune et le tire d'erreur.
>
> ARGAN. — Comment ?
>
> TOINETTE. – Madame s'en va revenir. Mettez-vous tout étendu dans cette chaise et contrefaites le mort. Vous verrez la douleur où elle sera quand je lui dirai la nouvelle. »

Devant la réaction réjouie et enthousiaste de Béline, elle feint alors la surprise et de manière plus cruelle, mais peut-être nécessaire, elle persuade Argan de poursuivre son jeu auprès d'Angélique :

> « Par ma foi, je n'aurai jamais cru cela. Mais j'entends votre fille ; remettez-vous comme vous étiez et voyons de quelle manière elle recevra votre mort. C'est une chose qu'il n'est pas mauvais d'éprouver ; et puisque vous êtes en train, vous connaîtrez par là les sentiments que votre famille a pour vous. »

Le plaisir du spectateur joue ici bien de la **double énonciation, même si ce plaisir peut ici se teinter d'inquiétude** (Toinette ne se laisse-t-elle pas entraîner au plaisir de diriger son maître ?). Nous sommes donc complices de cette mise en scène dont le principal acteur est lui-même la dupe. Et c'est finalement **dans le mensonge de la mort d'Argan que la vérité des êtres se révèle** et que le malade imaginaire est confronté à son propre aveuglement sur sa propre famille.

L'entrelacs des différents arts dans la construction

Molière s'amuse aussi des ressources du spectacle vivant que constitue le théâtre pour créer, dans l'écriture même des parties dialoguées de la pièce de théâtre, des passages qui intègrent des procédés de la danse et du chant. La démarche de jeu et de divertissement n'est plus ici consciente chez les personnages, elle est démultipliée par le dramaturge pour le plaisir du spectateur.

Ainsi nous retrouvons par exemple **une forme de chorégraphie** à la fin de l'acte I scène 5 lorsque Argan court en vain après Toinette pour la punir de son insolence. Et Toinette se montre habile prestidigitatrice, à passer d'un rôle à l'autre lorsqu'elle feint d'être à la fois médecin et servante à l'acte III. La didascalie du début de la scène 9 indique même que « *Toinette quitte son habit de médecin si promptement qu'il est difficile de croire que ce soit elle qui a paru en médecin* ». Mais c'est aussi **dans le chant que Molière trouve une inspiration pour donner un rythme particulier aux dialogues**. Le dialogue d'Angélique et Toinette à propos de Cléante est ainsi repris comme en écho rythmique à la scène suivante entre Angélique et son père, par la réitération du même jeu de questions et réponses :

Acte I, scène 4

« ANGÉLIQUE. — Ne trouves-tu pas Toinette, qu'il est bien fait de sa personne ?

TOINETTE. — Assurément.

ANGÉLIQUE. — Qu'il a le meilleur air du monde ?

TOINETTE. — Sans doute.

ANGÉLIQUE. — Que ses discours, comme ses actions ont quelque chose de noble ?

TOINETTE. — Cela est sûr.

ANGÉLIQUE. — Qu'on ne peut rien entendre de plus passionné que tout ce qu'il me dit ?

TOINETTE. — Il est vrai. [...]

Acte I, scène 5

ARGAN. — Ils disent que c'est un grand jeune garçon bien fait.

ANGÉLIQUE. — Oui, mon père.

ARGAN. — De belle taille.

ANGÉLIQUE. — Sans doute.

ARGAN. — Agréable de sa personne.

ANGÉLIQUE. — Assurément.

ARGAN. — De bonne physionomie.

ANGÉLIQUE. — Très bonne [...] »

Le début de la scène 5 de l'acte II présente lui une parodie de duo d'opéra dans les répliques simultanées d'Argan et de monsieur Diafoirus qui « *parlent tous les deux en même temps, s'interrompent et se confondent* ». Là encore l'intermède chanté de Cléante et Angélique, présenté comme « un petit opéra impromptu » ne peut qu'apporter un contre point très amusant, opposant de nouveau et *a posteriori*, la bêtise des Diafoirus et la délicatesse de Cléante.

Renouvellement des motifs traditionnels : plaire par un spectacle assuré

Molière innove sans cesse dans son écriture théâtrale, renouvelant les formes du comique et l'objet de sa satire. Mais il s'appuie pour cela sur des motifs traditionnels, largement éprouvés et qui participent pleinement du plaisir des spectateurs.

Les motifs traditionnels de l'intrigue

Le mariage contrarié

La question du mariage est un thème éprouvé et l'amour contrarié par un projet de mariage arrangé est le motif le plus courant des comédies de Molière, le nœud d'intrigue de nombre d'entre elles. Ici le mariage d'Angélique n'est pas à proprement parler le nœud principal mais il y est directement relié puisque Argan souhaite marier sa fille à un jeune homme qu'il aura lui-même choisi. Et comme Argan est hypocondriaque, il lui choisit un époux médecin, qui pourra donc aussi prendre soin de lui. **L'autorité du père et la soumission des jeunes gens aux volontés paternelles est une question récurrente chez Molière** et on en retrouve ici tous les aspects.

Tout d'abord nous apprenons l'amour sincère et mutuel entre Cléante et Angélique dès l'exposition dans la scène 4 de l'acte I par un échange entre la jeune femme et Toinette qui n'est plus ici servante mais confidente bienveillante :

« Angélique. — Toinette.

Toinette. — Hé bien, quoi, « Toinette » ?

Angélique. — Ne devines-tu point de quoi je veux parler ?

Toinette. — Je m'en doute assez, de notre jeune amant ; car c'est sur lui depuis six jours que roulent tous nos entretiens ; et vous n'êtes point bien si vous n'en parlez à toute heure.

Angélique. — Puisque tu connais cela, que n'es-tu donc la première à m'en entretenir, et que ne m'épargnes-tu la peine de te jeter sur ce discours ?

Toinette. — Vous ne m'en donnez pas le temps, et vous avez des soins là-dessus, qu'il est difficile de prévenir.

Angélique. — Je t'avoue, que je ne saurais me lasser de te parler de lui, et que mon cœur profite avec chaleur de tous les moments de s'ouvrir à toi. »

Cette confidence a lieu cependant dans un moment de suspens qui laisse comprendre au spectateur que cet amour risque d'être contrarié. En effet Argan vient de convoquer sa fille pour lui parler mais il a dû sortir précipitamment, et la scène entre Toinette et Angélique a lieu pendant que l'on imagine Argan se soulager des effets du lavement. Cela permet aussi, par une analogie burlesque, à Angélique de soulager son cœur. Or pourquoi, dans la comédie de Molière, mais aussi plus généralement au théâtre, un père est-il amené à convoquer sa fille si ce n'est pour lui parler de mariage ? La **culture théâtrale du spectateur est ainsi sollicitée et il a plaisir à anticiper** la scène suivante ; il sait que le bonheur de la jeune femme va rencontrer un obstacle.

Ainsi Argan a-t-il **convoqué sa fille** pour lui parler de son mariage à l'acte I scène 5, comme Orgon convoque sa fille Mariane dans *Le Tartuffe* ou Harpagon sa fille Élise et son fils Cléante dans *L'Avare.* Dans tous ces cas précisément, les jeunes gens ont d'autres projets de mariage mais leur père recherche avant tout son intérêt propre. Ici puisque Argan est préoccupé de sa santé, il veut marier sa fille à un médecin :

« Argan. — Hé bien, c'est le neveu de Monsieur Purgon, qui est le fils de son beau-frère le médecin, Monsieur Diafoirus ; et ce fils s'appelle Thomas Diafoirus, et non pas Cléante ; et **nous avons conclu**

ce mariage-là ce matin, Monsieur Purgon, Monsieur Fleurant et moi, et demain ce gendre prétendu doit m'être amené par son père. [...] Ma raison est, que me voyant infirme, et malade comme je suis, **je veux me faire un gendre, et des alliés médecins,** afin de m'appuyer de bons secours contre ma maladie, d'avoir dans ma famille les sources des remèdes qui me sont nécessaires, et d'être à même des consultations, et des ordonnances. »

Le mariage, comme on le voit a été **conclu en dehors de toute consultation des jeunes gens**, Thomas Diafoirus compris, et Argan ne cache pas ses motivations précises, guidé en cela par son médecin et son apothicaire. Harpagon trouvait de même, dans *L'Avare,* toutes les qualités au parti choisi pour sa fille puisque son futur époux se révèle riche :

« HARPAGNON. — Le Seigneur Anselme est un parti considérable, c'est un gentilhomme qui est noble, doux, posé, sage et fort accommodé, et auquel il ne reste aucun enfant de son premier mariage. Saurait-elle mieux rencontrer ? »

Ensuite comme la fille s'oppose à ce mariage, elle est **menacée par son père qui se montre autoritaire et obtus** comme il se doit dans un schéma clair des personnages. Argan s'emporte ainsi contre Angélique, à la scène 9 de l'acte II : « une friponne, une impertinente, une effrontée, que je mettrai dans un couvent avant qu'il soit deux jours ». Il réitère ce propos jusqu'à la fin de la pièce comme on le voit à la scène 6 de l'acte II, devant Thomas Diafoirus lui-même (« choisis d'épouser dans quatre jours ou monsieur ou un couvent ») et à la scène 11 de l'acte III :

« je veux la mettre dans un couvent, **puisqu'elle s'est opposée à mes volontés.** Je vois bien qu'il y a quelque amourette là-dessous, et j'ai découvert certaine entrevue secrète, qu'on ne sait pas que j'aie découverte. »

Arnolphe, dans *L'École des femmes,* s'emporte de la même façon contre Agnès qu'il a prévu d'épouser après avoir été son tuteur : il lui signifie son autorité par ces mots célèbres, « Je suis le maître, je parle, allez, obéissez » (acte II, scène 5). Le spectateur est accoutumé à ces oppositions, motifs récurrents dans la farce et dans la *commedia dell'arte,* mais ici Molière l'enrichit d'une deuxième contrainte pour la jeune fille : sa belle-mère Béline serait favorable au couvent pour Angélique, convoitant pour elle seule l'héritage d'Argan.

Enfin la **fin heureuse attendue par le spectateur**, est la conclusion du mariage souhaité par les jeunes gens. La comédie ne peut se finir autrement et tout le plaisir du spectacle est de voir par quel biais ce dénouement sera atteint. Traditionnellement, il **ne peut avoir lieu que parce que le père y consent** finalement. La conduite de l'intrigue doit alors permettre l'éviction du prétendant envisagé par le père : dans *Le Tartuffe,* le personnage éponyme est arrêté pour escroquerie et son imposture est reconnue, dans *L'Avare,* le seigneur Anselme se révèle un homme bon et surtout, le père riche, mais disparu de Mariane et Valère, que les enfants d'Harpagon voulaient justement épouser. Dans *Le Malade imaginaire,* Angélique et Cléante vont pouvoir, eux, se marier puisque Béralde a eu la lumineuse idée de dire à Argan qu'il pourrait devenir lui-même médecin et qu'il n'aura donc pas besoin d'un gendre médecin.

La variation sur le mariage contrarié, à travers des étapes connues et attendues, permet donc au spectateur de **reconnaître un motif connu, et d'apprécier son renouvellement** et l'inventivité qui l'adapte à la situation nouvelle.

Le stratagème

La comédie est aussi évidemment, dans ses liens avec la farce et la *commedia dell'arte,* le **lieu du stratagème, de la mise en scène et du piège**. Il s'agit en effet de **contrer les projets de mariage du père**, comme on l'a vu, mais aussi d'essayer de lui ouvrir les yeux. Molière reprend ici de nouveau un motif très courant dans ses comédies : Scapin par exemple, dans *Les Fourberies de Scapin,* persuade ainsi son maître Géronte que son fils a été enlevé pour lui soutirer de l'argent et favoriser les projets amoureux de Léandre. Dans *Le Médecin malgré lui,* la jeune Lucinde feint une maladie qui la rend muette afin de ne pas se marier selon la volonté de son père. Cléonte dans *Le Bourgeois gentilhomme* se déguise, lui, en fils de dignitaire turc pour duper Monsieur Jourdain et obtenir la main de sa fille Lucile. Ici, de même, Cléante, double de Cléonte jusque dans le nom, se fait passer pour un maître de musique afin de pouvoir parler à Angélique.

> « Toinette. — [...] on ne parle pas comme cela de but en blanc à Angélique ; il faut des mystères, et l'on vous a dit l'étroite garde où elle est retenue. [...]
>
> Cléante. — Aussi ne viens-je pas ici comme Cléante, et sous l'apparence de son amant, mais comme ami de son maître de musique, dont j'ai obtenu le pouvoir de dire qu'il m'envoie à sa place. »

Le jeune homme se montre **inventif et audacieux, deux qualités qui en font un personnage positif en comédie**, contrairement au « benêt » Thomas Diafoirus, qui sait à peine réciter ce qu'il a appris de son père ou de la Faculté. Le stratagème ici est mis au service de l'amour, ce qui satisfait le spectateur qui prend plaisir à voir berner Argan, mais aussi (et peut-être surtout) les Diafoirus présents également lors du « petit opéra impromptu », véritable duo amoureux des deux jeunes gens.

Mais c'est surtout Toinette qui construit les stratagèmes, fidèle en cela à son personnage (voir ci-dessous « des personnages stéréotypés »). Elle invente deux stratagèmes successifs, complexes et audacieux pour essayer de **faire comprendre à Argan qu'il est dupé** à la fois par ses médecins et par sa femme. Elle joue ainsi tout d'abord un faux médecin : ce stratagème est annoncé à l'acte III, scène 2 dans une courte scène avec Béralde, pendant qu'Argan est de nouveau sorti de scène, sans doute sur un nouvel effet des lavements. De manière un peu rapide et elliptique, qui laisse la place à l'imagination du spectateur et crée du suspens, elle explique ainsi :

> « Toinette. — Il faut absolument empêcher ce mariage extravagant, qu'il s'est mis dans la fantaisie, et j'avais songé en moi-même, que ç'aurait été une bonne affaire, de **pouvoir introduire ici un médecin à notre poste, pour le dégoûter de son Monsieur Purgon, et lui décrier sa conduite**. Mais, comme nous n'avons personne en main pour cela, j'ai résolu de **jouer un tour de ma tête**.
>
> Béralde. — Comment ?
>
> Toinette. — C'est une imagination burlesque. Cela sera peut-être plus heureux que sage. Laissez-moi faire ; agissez de votre côté. »

Son stratagème ne fonctionne finalement pas sur le plan de l'intrigue, mais son travestissement comme la complexité de son jeu qui la fait entrer et sortir de la scène à plusieurs reprises, en fait une **très grande réussite théâtrale**. La scène 10, dite « du poumon » est devenue l'une des scènes les plus célèbres du répertoire moliéresque.

Son dernier stratagème utilise Argan lui-même contre son propre aveuglement : aux scènes 11 et 12 de l'acte III, elle convainc son maître, avec une étonnante facilité d'ailleurs, de faire semblant d'être mort afin de voir la réaction de Béline puis d'Angélique.

> « Toinette. — Madame s'en va revenir. Mettez-vous tout étendu dans cette chaise, et **contrefaites le mort. Vous verrez la douleur où elle sera**, quand je lui dirai la nouvelle.
>
> Argan. — Je le veux bien.
>
> Toinette. — Oui, mais ne la laissez pas longtemps dans le désespoir, car elle en pourrait bien mourir.
>
> Argan. - Laisse-moi faire.
>
> [...]
>
> Toinette. — Mais j'entends votre fille, remettez-vous comme vous étiez, et **voyons de quelle manière elle recevra votre mort.** C'est une chose qu'il n'est pas mauvais d'éprouver ; et puisque vous êtes en train, vous connaîtrez par là les sentiments que votre famille a pour vous. »

La première révèle le mensonge de son amour en se montrant soulagée de cette mort, alors que la seconde confirme la sincérité de son affection en se désolant de la mort de son père.

Avec ces motifs du déguisement et du piège et en faisant de ses personnages d'habiles metteurs en scène, Molière fait de sa pièce un spectacle plaisant pour **le spectateur qui retrouve des procédés qu'il connaît et qu'il attend**. Le plaisir de la comédie est ainsi là aussi poursuivi et renouvelé tout à la fois.

Des personnages stéréotypés ?

L'intrigue de la pièce est originale et pourtant, comme pour les motifs du mariage et du stratagème qui la composent, on y reconnaît les personnages pour les avoir déjà croisés sous d'autres noms dans d'autres comédies.

Un schéma classique de personnages

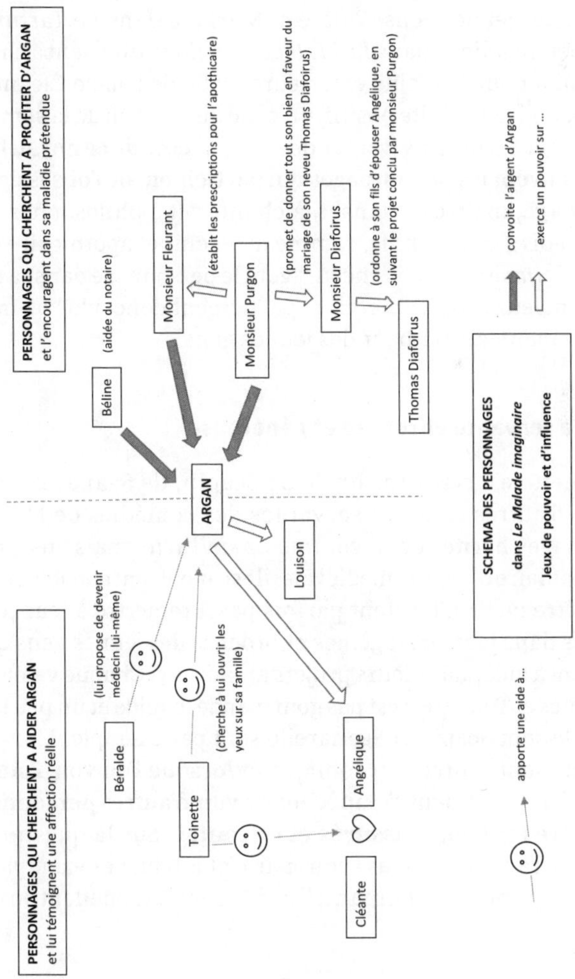

La liste des personnages du *Malade imaginaire* permet de retrouver une répartition des rôles courante dans les comédies de Molière. Ainsi se retrouvent **deux générations** : les parents ou figures d'autorité et les jeunes gens ou enfants, soumis à l'autorité parentale, mais exprimant une volonté propre. Ce schéma se retrouve ici : du côté des figures d'autorité, nous trouvons le personnage du père Argan, sa deuxième épouse Béline, et le contre point sage et réfléchi, Béralde, le frère d'Argan. Nous trouvons alors l'équivalent de la disposition familiale du *Tartuffe* avec le père Orgon, sa deuxième épouse Elmire son épouse et son beau-frère Cléante. Les jeunes gens, Valère et Mariane dans *Le Tartuffe* et Cléante et Angélique dans *Le Malade imaginaire* doivent à chaque fois compter sur une aide extérieure, celle de l'oncle Cléante ou Béralde, référent adulte positif, ou celle du **valet** ou de la **servante** pour arriver à leurs fins (voir ci-dessous). **À côté de ce noyau familial se trouvent les personnages qui participent de l'obsession du personnage,** maîtres à danser, à chanter et à philosopher dans *le Bourgeois gentilhomme,* comme médecins et apothicaire dans *Le Malade imaginaire.* Ils encouragent le personnage dans sa folie, y trouvant leur propre intérêt, et participent donc, plus ou moins indirectement, au malheur des jeunes gens.

La servante effrontée et généreuse

Toinette est sœur théâtrale de Scapin, de Sganarelle et de Dorine, d'autres valets et servantes des comédies de Molière. Personnages hérités de la *commedia dell'arte,* mais aussi de la farce populaire d'origine médiévale, ils se montrent audacieux avec leur maître qu'ils n'hésitent parfois pas à remettre à leur place, inventifs dans leur stratagèmes et proches des jeunes gens qu'ils cherchent à aider dans leurs projets amoureux. Chaque valet a ses spécificités et Toinette n'est pas gourmande, cupide et un peu lâche comme le sont Scapin et Sganarelle sont par exemple. Mais tous ces valets sont sources du comique et **lorsque l'on voit Toinette sur la scène on ne peut s'empêcher de voir d'autres personnages de Molière tout aussi assurés et effrontés**. Sur la question du mariage arrangé dont nous avons parlé plus haut par exemple, les échanges de Toinette et Argan à l'acte I scène 5 rappellent en écho le dialogue de Scapin et Argante dans *les Fourberies de Scapin,* parfois mot à mot comme dans cet extrait aux variantes minimes entre les deux pièces :

« Scapin/Toinette. – Vous n'aurez pas ce cœur-là

Argante/Argan. – Je l'aurai

Scapin/Toinette. – Vous vous moquez

Argante/Argan. – Je ne me moque point

Scapin/Toinette. – La tendresse paternelle fera son office/vous prendra

Argante/Argan. – Elle ne fera rien/elle ne me prendra point […]

Scapin/Toinette. – Mon Dieu, je vous connais, vous êtes bon naturellement

Argante/Argan. – Je ne suis point bon et je suis méchant quand je veux. »

De même Toinette offre une oreille bienveillante à Angélique à l'acte I scène 8, l'assurant de son soutien : « Moi, vous abandonner ? j'aimerais mieux mourir. […] Laissez-moi faire j'emploierai toute chose pour vous servir ». Et on reconnaît alors les paroles de réconfort que Dorine adresse à Mariane dans *Le Tartuffe* à l'acte II scène 4 : « Il faut nonobstant avoir pitié de vous […] Ne vous tourmentez point, on peut adroitement empêcher… [le mariage prévu par Orgon]. »

Toinette n'hésite pas, en outre, à **dépasser largement son rôle de servante en se montrant autoritaire avec son maître**, comme le montrent les multiples injonctions qu'elle utilise à son égard, mais aussi les critiques explicites de son comportement : « quoi Monsieur, vous auriez fait ce dessein burlesque ? » s'exclame-t-elle ainsi à l'annonce du mariage prévu entre Angélique et Thomas Diafoirus (acte I, scène 5). « Je la déshériterai si elle vous obéit » va-t-elle jusqu'à déclarer en dépit de tout bon sens à la fin de la même scène. Elle maltraite de même sciemment son maître à la scène suivante « *lui mettant rudement un oreiller sur la tête* », comme Scapin qui n'hésite pas à rouer de coups son propre maître Géronte dans la pièce éponyme.

Pour comprendre ce personnage et son audace dépassant les normes sociales, il faut relier le théâtre à **l'esprit du carnaval** : Molière ne proclame pas ici des idées révolutionnaires, en accordant des droits aux valets sur les maîtres. Il faut attendre le XVIIIe pour que ces idées d'égalité émergent, dans le théâtre de Marivaux tout d'abord, puis surtout dans le théâtre de Beaumarchais avec le personnage de Figaro. Ici **le théâtre est compris comme le lieu des transgressions possibles** et Toinette incarne l'une de ces transgressions, par une forme d'inversion des rôles, principe même du carnaval. Béralde à ce sujet rappelle ce contexte à la fin de la pièce quand il envisage que les gens de la maisonnée, et Argan au premier titre, prennent part au divertissement :

> « BÉRALDE. — [...] Les comédiens ont fait un petit intermède de la réception d'un médecin, avec des danses et de la musique ; je veux que nous en prenions ensemble le divertissement, et que mon frère y fasse le premier personnage.
>
> [...] Tout ceci n'est qu'entre nous. Nous y pouvons aussi prendre chacun un personnage, et nous donner ainsi la comédie les uns aux autres. **Le carnaval autorise cela.** Allons vite préparer toutes choses. »

Toinette est donc un personnage nouveau pour le spectateur mais un personnage qu'il reconnaît en même temps pour l'avoir rencontré sous d'autres noms dans d'autres comédies de Molière. Ainsi, quand on voit Toinette tenir tête à son maître, dès son apparition dans l'exposition où elle feint de s'être fait mal pour ne pas écouter les remontrances, on sait que ce personnage va nous amuser mais que de Toinette dépendra aussi sans doute une partie de la résolution de l'intrigue.

Le personnage obsessionnel et ridicule

Les comédies de Molière cherchent à corriger les mœurs en faisant rire[1]. Elles sont alors, pour beaucoup, centrées sur **un défaut moral présent dans la société et incarné en un personnage** :

1. « Corriger les hommes en les divertissant » écrit Molière dans *Le Premier placet au Roi,* publié en 1669 avec la dernière version du *Tartuffe.*

Monsieur Jourdain est un bourgeois vaniteux qui se rêve gentilhomme (*Le Bourgeois gentilhomme*), Alceste hait le manque de sincérité dans les rapports humains au point de devenir misanthrope (*Le Misanthrope*), Harpagon n'aime que son argent (*L'Avare*), Arnolphe a tellement peur d'être trompé s'il se marie qu'il souhaite épouser une femme à laquelle il a volontairement refusé toute éducation (*L'École des femmes*), Orgon est un dévot sincère mais naïf, abusé par un imposteur (*Le Tartuffe*)… Pour tous ces personnages, la pièce est **le lieu de la révélation de leur défaut et de leur ridicule**, et Argan entre dans cette longue série d'hommes perdus et autoritaires dont les projets sont finalement déjoués. Par son hypocondrie, il régit en effet toute la maison, mais par sa naïveté, liée à sa foi absolue en la médecine, il se piège lui-même, comme Orgon se fait piéger par Tartuffe ou comme Arnolphe provoque la situation qu'il voulait justement éviter.

De même que pour le personnage de Toinette, **le spectateur reconnaît donc Argan pour l'avoir déjà rencontré sous d'autres noms dans d'autres pièces de Molière**. Et si son nom change, il n'est souvent que la simple variation autour des mêmes sonorités : Géronte, Orgon, Argan, Argante…

Mais son obsession est ici nouvelle et à l'origine de situations inédites et savoureuses. **Argan est ainsi « un pauvre malade »** ainsi qu'il se présente lui-même dans son monologue d'exposition. Et toute la pièce tourne autour de ce leitmotiv de la maladie d'Argan sans qu'elle ne soit jamais nommée, car sans doute n'est-il pas malade, au sens physiologique. Toinette et Béralde sont les deux personnages qui osent poser explicitement la question : « je voudrais bien savoir quel mal vous avez pour vous faire tant de remèdes » (Toinette, acte I, scène 2) ; « Mais quel mal avez-vous ? » (Béralde, l'acte III, scène 4). Mais Toinette participe aussi avec malice de l'hypocondrie d'Argan quand elle feint de le soutenir devant Cléante : « il ne s'est jamais si mal porté » (acte II, scène 3).

Les accessoires qui l'entourent sur le plateau scénique, sont alors conformes à cette maladie supposée et sources de comique, **le fauteuil d'Argan est un meuble central** de la mise en scène, présent dans les didascalies, comme « la cassette » d'Harpagon est son accessoire symbolique puisqu'elle renferme sa fortune. Dans son fauteuil de malade, si l'on suit les indications du texte, Argan fait ainsi ses comptes (acte I, scène 1) ; il se fait dorloter par l'hypocrite Béline et maltraiter par l'effrontée Toinette (acte I, scène 6) ; il reçoit le notaire Bonnefoy avec lequel manigance sa femme pour lui soutirer son argent (acte I, scène 7) ; il écoute les discours, compliments et chants (acte II, scène 5 « allons, vite, ma chaise, et des sièges à tout le monde ») ; il assiste au deuxième intermède, offert par Béralde ; il fait semblant d'être mort à l'acte III. Des metteurs en scène contemporains se sont amusés de cet accessoire imposé : Jean-Philippe Daguerre a ainsi imaginé, avec la compagnie Le Grenier de Babouchka qui met en scène de nombreuses pièces de Molière, un grand fauteuil doré mais aménagé en chaise haute d'enfant avec tablette et boulier. Ce choix amusant renforce explicitement l'infantilisation du personnage dans sa posture de malade.

Et pour parfaire le personnage de malade prétendu, Argan est doté **d'un bonnet**, pièce de coton, que l'on mettait pour dormir dans des chambres non chauffées. Ici Argan conserve ce bonnet pendant la journée, ce qui ne manquera pas de créer là aussi une représentation amusante et ridicule à la mise en scène. Béline lui a ainsi remis son bonnet « jusque sur [les] oreilles » à la scène 6 de l'acte I. Et Argan reçoit ainsi les Diafoirus à la scène 5 de l'acte II « *mettant la main à son bonnet sans l'ôter* ». Aucune didascalie n'indique qu'Argan ôte ensuite ce bonnet jusqu'à la fin de la pièce.

Le prétendant indésirable

Autour de la jeune fille en âge de se marier, se retrouvent deux types de prétendants : **l'amoureux** ou le **promis** dont les projets ne sont pas partagés, et **l'amant**, dont la jeune fille partage les sentiments. Chacun de ces prétendants est alors indésirable, soit pour la jeune fille (et parfois aussi le jeune homme chez Molière comme dans *L'Avare* par exemple) qui revendique un mariage d'amour, soit pour le père qui cherche son intérêt propre dans ce mariage, lié à l'argent ou à la satisfaction personnelle.

Thomas Diafoirus ne peut d'évidence, pas plaire à Angélique, il entre là dans la catégorie des **personnages créés pour susciter le rejet des spectateurs**, par sa posture et son discours. Le spectateur sait alors qu'Angélique ne l'épousera pas, dans le dénouement de la comédie, mais ne sait pas encore comment cela se fera et, en attendant, il se délecte de son ridicule. Thomas Diafoirus est ainsi annoncé par la didascalie destinée à donner les indications de jeu :

> « Thomas Diafoirus *est un grand benêt nouvellement sorti des Écoles, qui fait toutes choses de mauvaise grâce, et à contretemps.* » (acte II, scène 5)

Chacune de ses prises de parole est alors l'illustration de cette didascalie introduisant le personnage. Il adopte un style ampoulé, dans un **propos ridiculement précieux.** Par exemple pour le compliment adressé à Argan, il multiplie les énumérations, parallélismes, anaphores et périphrases qui se veulent savantes et élégantes, mais obscurcissent le discours :

> « Thomas Diafoirus. – Monsieur, je viens saluer, reconnaître, chérir, et révérer en vous un second père ; mais un second père, auquel j'ose dire que je me trouve plus redevable qu'au premier. Le premier m'a engendré ; mais vous m'avez choisi. Il m'a reçu par nécessité ; mais vous m'avez accepté par grâce. Ce que je tiens de lui est un ouvrage de son corps ; mais ce que je tiens de vous est un ouvrage de votre volonté ; et d'autant plus que les facultés spirituelles, sont au-dessus des corporelles, d'autant plus je vous dois, et d'autant plus je tiens précieuse cette future filiation, dont je viens aujourd'hui vous rendre par avance les très humbles, et très respectueux hommages. »

De même, il ne montre **aucune attention sincère à Angélique**, il lui propose des activités qui la rebutent, comme la lecture de sa thèse ou la visite d'une salle de dissection en guise de divertissement. Et pour parfaire la cohérence de ce personnage repoussoir, Molière fait de lui **un personnage aussi rétrograde sur la question du mariage que sur la médecine**. Il est ainsi *anticirculationniste*, ne se référant qu'aux Anciens et à la théorie des humeurs, mais il adopte la même réflexion sur le mariage :

« Thomas Diafoirus. — Nous lisons, des anciens, Mademoiselle, que leur coutume était d'enlever par force de la maison des pères les filles qu'on menait marier, afin qu'il ne semblât pas que ce fût de leur consentement, qu'elles convolaient dans les bras d'un homme. »

Cléante à l'inverse propose une attention réelle portée à la jeune fille, il sait prononcer des mots d'amour et fait preuve d'une inventivité créatrice pour lui parler en se faisant passer pour le maître de chant. Le contraste ne permet alors aucun doute chez le spectateur pour juger du mari qu'il souhaite à Angélique. Dans la dernière scène de la pièce, il se montre de même sincèrement inquiet, quand il voit Angélique se lamenter : « Qu'avez-vous donc, belle Angélique ? et quel malheur pleurez-vous ? » ; puis il accepte toutes les conditions d'Argan pour le mariage : « s'il ne tient qu'à cela pour être votre gendre, je me ferai médecin, apothicaire même, si vous voulez. Ce n'est pas une affaire que cela, et je ferais bien d'autres choses pour obtenir la belle Angélique. » Et enfin, il se soucie encore de l'avis de celle qu'il aime, quand Béralde entraîne toute la famille dans la cérémonie burlesque : « Y consentez-vous ? ». De même que, dans *L'École des femmes* par exemple, l'on espère le mariage d'Agnès avec le jeune et aimant Horace plutôt qu'avec Arnolphe, son tuteur autoritaire, ici le spectateur se réjouit de voir le prétendant indésirable devenir le mari promis à la jeune femme.

Les personnages comme les situations de la comédie permettent donc d'apprécier pleinement le spectacle puisque nous retrouvons, sous un jour nouveau, des figures familières, présentées dans d'autres situations, comme si le dramaturge tissait à nouveau **un même canevas avec les mêmes fils mais en variant la manière de les nouer**. Molière s'approprie ici un procédé de la *commedia dell'arte* qui l'inspire : dans cette forme de théâtre italien les personnages sont stéréotypés et les comédiens qui les incarnent improvisent en partie les saynètes qu'ils présentent au public. Ils travaillent à partir d'un canevas préétabli mais aussi des circonstances présentes de la représentation. Le théâtre de Molière est ici bien sûr entièrement écrit mais le retour de personnages, de situations, de répliques entières même, peut faire penser à cette comédie italienne. Le personnage de **Polichinelle** au centre du premier intermède est d'ailleurs issu de la *commedia dell'arte*, personnage de valet (ici il est annoncé comme étant l'amant de Toinette) assez simple, grossier et gourmand, quelque peu ridiculisé dans la sérénade manquée à sa belle.

La mise en œuvre de toutes les formes du comique

Le sujet de la pièce est grave pour les personnages puisqu'il est question de l'obsession d'un père, qui entraîne toute sa famille dans sa folie hypocondriaque, et d'un mariage forcé. Mais avec ces éléments sérieux, le spectacle nous fait rire et Molière compose sa comédie en utilisant toutes les ressources du comique.

Le comique de gestes

La première ressource du comique passe par les gestes des personnages. Le spectacle est d'abord visuel et contente le plaisir du spectateur par **un rythme enlevé, des mouvements dynamiques sur la scène**. Les traditionnels coups de bâtons donnés au valet dans la farce se retrouvent dans le premier intermède avec Polichinelle battu par le guet. Mais c'est **surtout Toinette, qui, dès son entrée se présente comme celle qui portera le dynamisme du comique des gestes**. Elle fait semblant de s'être cogné la tête (acte I, scène 2) pour échapper à la colère de son maître, puis elle « se sauve de lui » à la scène 5 quand il lui court après pour la faire taire quand elle s'oppose au mariage qu'il prévoir pour sa fille. Elle exagère de même ses gestes d'attention avec Argan à la scène 6 quand il s'agit de l'installer confortablement sur sa chaise avec l'aide de Béline : « *Toinette lui mettant rudement un oreiller sur la tête et puis fuyant* ». Tout au long de la pièce, Toinette court, entre et sort vivement de la scène, dirige l'action même à l'acte III, comme nous l'avons vu, avec les stratagèmes qu'elle met en place. Elle entre et sort alors plusieurs fois pour se changer de servante en médecin, puis elle devient metteure en scène pour faire croire à la mort d'Argan. Elle est donc sans conteste le personnage le plus dynamique et favorisant le plaisir visuel du spectateur.

Argan aussi est porteur de comique mais à ses dépens cette fois, et dans un registre plus farcesque puisque lié aux excréments : il doit sortir précipitamment de la scène « courant au bassin » à l'acte I scène 3, soit dès l'exposition, car le lavement fait son effet. On comprend qu'il lui arrive le même désagrément au début de l'acte III : « Un peu de patience mon frère, je vais revenir ». Cette phrase, comme son départ précipité à l'acte I, peut être ici être aisément la source d'un jeu scénique farcesque, aux dépens d'Argan. À la scène 4 de ce même acte, il se désespère que monsieur Fleurant, entré « *une seringue à la main* », ne puisse pas lui administrer son clystère qui devait, selon les mots de monsieur Purgon, « faire dans les entrailles un effet merveilleux ». Ces scènes font souvent l'objet de mises en scène très burlesques par les accessoires et les gestes qu'elles supposent (clystère de taille démesurée par exemple) et donc participent là aussi du plaisir du spectacle.

Le comique de mots

L'amusement du spectateur passe également par le langage employé, le registre de langue ou les échos et répétitions d'une scène à l'autre. La première source traditionnelle de comique par les mots est **l'emploi de jurons** et Argan ne déroge pas à la règle du maître autoritaire des comédies de Molière en gratifiant Toinette, dès l'exposition, de nombre de jurons répétés : « chienne » ; « carogne » ; « traîtresse » ; « coquine » (acte I, scène 1 et 2). Face à Argan et à son langage expressif, Toinette use de plus en plus d'**ironie** et de dissimulation puisqu'elle décide de feindre d'être d'accord avec tout ce que dit Argan pour mieux aider Angélique à épouser Cléante. Le spectateur s'amuse alors du double sens de ses phrases, de l'usage des antiphrases, par exemple pour admirer en apparence Thomas Diafoirus :

> « Voilà ce que c'est que d'étudier, on apprend à dire de belles choses. [...] monsieur fait merveilles, et [...] s'il est aussi bon médecin qu'il est bon orateur, il y aura plaisir à être de ses malades. [...] Monsieur est frais émoulu du collège, et il vous donnera toujours votre reste. Pourquoi lui résister et refuser la gloire d'être attachée au corps de la Faculté ? » (acte II, scène 5)

Mais c'est par **l'usage du latin et d'un jargon médical** que Molière provoque surtout le rire. En effet les répliques des Diafoirus sont rendues incompréhensibles par l'usage de ce vocabulaire qui se veut savant, qui provoque l'admiration d'Argan, l'hilarité de Toinette, l'accablement d'Angélique et le rire du spectateur. Par exemple dans la scène 6 de l'acte II, Monsieur Diafoirus explicite un diagnostic :

> « eh oui, qui dit parenchyme dit l'un et l'autre, à cause de l'étroite sympathie qu'ils ont ensemble, par le moyen du *bas brève*, du *pylore*, et souvent des *méats cholidoques.* »

Et Thomas Diafoirus pousse le ridicule jusqu'à parler à Angélique en **ponctuant son discours d'expressions latines** qui témoignent de ses cours à la Faculté mais qui ne peuvent que faire rire par leur absence de spontanéité et de sincérité face aux questionnements de la jeune fille :

> « ANGÉLIQUE. – [...] si vous m'aimez monsieur, vous devez vouloir tout ce que je veux.
>
> THOMAS DIAFOIRUS. – Oui Mademoiselle, jusqu'aux intérêts de mon amour exclusivement.
>
> ANGÉLIQUE. – Mais la grande marque d'amour, c'est d'être soumis aux volontés de celle qu'on aime.
>
> THOMAS DIAFOIRUS. – *Distinguo,* mademoiselle dans ce qui ne regarde point sa possession, *concedo* ; mais dans ce qui la regarde, *nego.* »

Ce sont ces caractéristiques du langage des médecins que reprend **Toinette à l'acte III quand elle se fait elle-même passer pour un médecin**. Elle énumère ainsi les maladies qu'elle aime rencontrer pour les soigner :

> « je veux des maladies d'importance, de bonnes fièvres continues, avec des transports au cerveau, de bonnes fièvres pourprées, de bonnes pestes, de bonnes hydropisies formées, de bonnes pleurésies avec des inflammations de poitrine »

Et elle s'emporte en latin contre monsieur Purgon et ses mauvais conseils : « *ignorantus, ignoranta, ingnorantum* ! Il faut boire votre vin pur ; et pour épaissir votre sang, qui est trop subtil, il faut manger du bon gros bœuf, du bon gros porc [...] votre médecin est une bête ».

Enfin, nous retrouvons **l'imitation d'un discours latin sérieux associé à la médecine, dans le troisième intermède** et la cérémonie burlesque d'intronisation du médecin Argan. Tout l'échange entre le président et les docteurs est rédigé en latin dit « macaronique » c'est-à-dire un discours rédigé en langue courante mais à laquelle on donne des terminaisons ou une forme syntaxique ressemblant au latin, pour faire savant. Nous pouvons donc suivre de manière très amusante ce discours pseudo savant, par exemple :

> « *Medicini illa benedicta* (cette médecine bénite)
> *Quae, suo nomine solo,* (qui à son seul nom,)
> *Surprenanti miraculo* (par un surprenant miracle)
> *Depuis si longo tempore,* (depuis si longtemps)
> *Facit à gogo vivere* (fait vivre à gogo)
> *Tant de gens omni genere* (tant de gens de toute espèces) »

Mais faut-il encore rire quand dans cette cérémonie parodique, le futur médecin reçoit solennellement le pouvoir de tuer son patient… :

> « Le président. — *Ego cum isto boneto/Venerabili et docto,/Dono tibi et concedo/Virtutem et puissanciam,/Medicandi,/Purgandi,/ Seignandi,/Perçandi,/ Taillandi,/ Coupandi,/Et occidendi/Impune per totam terram.* »
>
> (Moi, avec ce bonnet,/Vénérable et docte/Je te donne et te concède/Le pouvoir et la puissance/De médiciner/De purger/de saigner/De percer/De tailler/De couper/Et de tuer/Impunément à travers toute la terre.)

La force comique du langage est ici, et jusqu'au terme de la pièce à prendre en considération dans la démarche critique sérieuse de la pièce : **plaire par le rire sert à instruire et faire réfléchir.**

Le comique de situation

Les comiques de mots et de gestes amusent par ailleurs d'autant plus les spectateurs qu'ils viennent renforcer des situations qui sont elles-mêmes plaisantes. Ainsi Thomas Diafoirus se ridiculise par l'usage pompeux du latin dans ses conversations mais il est d'autant plus ridicule qu'il ne sait pas agir lors de la rencontre de sa future femme à la scène 5 de l'acte II : **il se trompe d'interlocuteur,** prenant Angélique pour Béline et donc commençant à réciter le compliment préparé pour sa belle-mère, à la femme qu'il doit épouser. Ces erreurs sur les personnages sont une source courante de comique chez Molière. Nous trouvons ainsi **un quiproquo**, souvent présent en comédie, dans *L'Avare* ou dans *Le Tartuffe* par exemple : le père annonce à son fils ou à sa fille qu'il a des projets de mariage et le jeune se méprend sur la personne qu'il doit épouser. Ici à l'acte I, scène 5, Angélique pense que son père lui parle de la demande en mariage de Cléante, puisque son amant lui a dit qu'il allait parler à son père. Elle se montre alors très heureuse de la conversation avec son père, avant de se rendre compte de son erreur. **La surprise est ici cependant en partie celle du spectateur** également puisque nous sommes dans l'exposition et découvrons les traits de caractère d'Argan.

Le spectateur prend en revanche part au plaisir de la méprise à l'acte III, scène 10 quand Toinette joue le médecin devant l'œil crédule de son maître, et surtout à la scène 12 par le **piège qui est tendu à Béline**. La situation est ici hautement plaisante car il ne faut pas longtemps à Béline pour révéler son véritable visage et se réjouir de la mort d'Argan qu'elle faisait semblant d'aimer. Nous nous réjouissons de la voir mise à jour. La situation est en revanche moins plaisante et source de comique à la scène 13 quand Angélique cette fois pense son père mort. La potentialité comique d'une situation dépend en effet de la sympathie que le spectateur éprouve ou non pour un personnage. Et s'il se plaît à voir Béline, la doucereuse, révélée au grand jour, voir souffrir la parfaite Angélique[1] ne peut que lui serrer le cœur.

Enfin la mise en abyme (voir plus haut, partie B-) est une source du plaisir du spectacle de la comédie dans les situations présentées. Par exemple, dans le long dialogue sérieux entre les deux frères à l'acte III scène 3, Béralde suggère à Argan **d'aller voir « quelqu'une des comédies de Molière »**. La situation est ici plaisante pour le spectateur, alors même que le dialogue entre les personnages est très sérieux, car Molière présente, par leur désaccord, à la fois la

1. Voir ici le sens symbolique des prénoms des deux femmes : la douceur d'Angélique transparaît dans son prénom, mais la fausseté de Béline apparaît aussi dans le sien, elle semble bêler, elle est faussement douce.

critique et la défense de sa propre posture contre les médecins. Il va même jusqu'à faire prononcer à Argan une forme de malédiction dont le personnage sera lui-même la victime deux scènes plus loin :

> « ARGAN. — Par la mort non de diable, si j'étais que des médecins je me vengerais de son impertinence, et quand il sera malade, je le laisserais mourir sans secours. Il aurait beau faire et beau dire, je ne lui ordonnerais pas la moindre petite saignée, le moindre petit lavement ; et je lui dirais : "crève, crève, cela t'apprendra une autre fois à te jouer à la Faculté". » (acte III, scène 3)
>
> [...]
>
> MONSIEUR PURGON. — Un attentat énorme contre la médecine [...] un crime de lèse-Faculté qui ne se peut assez punir [...] J'ai à vous dire que je vous abandonne à votre mauvaise constitution, à l'intempérie de vos entrailles, à la corruption de votre sang, à l'âcreté de votre bile, et à la féculence de vos humeurs. [...] Et je veux qu'avant qu'il soit quatre jours, vous deveniez dans un état incurable. » (acte III, scène 5)

Molière montre ici son habileté de dramaturge au sens aigu du spectacle, puisqu'il crée **des situations comiques dans le déroulement de l'intrigue, mais également dans un dialogue privilégié avec le spectateur**, usant de la double énonciation.

Le comique de caractère

La dernière forme de comique mise en œuvre dans cette pèce s'appuie sur les personnages eux-mêmes, par leur tempérament et leur manière d'agir. Les Diafoirus, père et fils sont les principaux porteurs de ce type de comique puisqu'ils amusent par le seul fait qu'ils sont sur scène : **Monsieur Diafoirus se montre d'une suffisance extrême**, vantant les défauts de son fils en ayant l'air d'y trouver de quoi s'enorgueillir :

> « Il est ferme dans la dispute, fort comme un Turc sur ses principes, ne démord jamais de son opinion, et poursuit un raisonnement jusque dans les derniers recoins de la logique. [...] Mais, sur toute chose, **ce qui me plaît en lui, et en quoi il suit mon exemple,**

c'est qu'il **s'attache aveuglément** aux opinions de nos anciens et que jamais il **n'a voulu comprendre ni écouter** les raisons et les expériences des prétendues découvertes de notre siècle. »

Thomas Diafoirus, comme nous l'avons vu plus haut, est effectivement présenté comme un « *benêt* » en actes et en paroles.

Mais, et de manière un peu ambiguë, c'est surtout **Argan** qui porte un ressort comique dans son caractère même, par **son obsession pour la maladie.** Il se dit bien malade sans que l'on ne sache jamais de quoi il souffre et toute la vie de la maisonnée tourne autour de sa prétendue maladie, faisant intervenir docteurs, pharmacien et surtout revenant sans cesse aux sujets bas des lavements, purges et clystères. **Cet aspect comique du personnage ne va pas sans paradoxe** puisque cette obsession entraînerait des situations difficiles, voire dramatique, pour Angélique, Cléante, et même Louison, sans l'intervention de Toinette et Béralde.

Construction d'une satire de la médecine : plaire et instruire par un spectacle renouvelé

Un sujet récurrent chez Molière

Mettre en lumière l'incompétence des médecins n'est pas une nouveauté dans le théâtre de Molière. En effet dès ses toutes premières pièces, on retrouve ce thème, présent auparavant dans les farces comme dans la comédie italienne ou espagnole que lit régulièrement Molière et dont il s'inspire aussi. *Le Médecin volant*, d'inspiration italienne, est ainsi l'une des toutes premières pièces écrites par le dramaturge pendant ses années d'itinérance. Cette pièce montre déjà un personnage de valet se déguisant en médecin, pour venir en aide à une jeune fille qui ne veut pas épouser l'homme auquel son père la destine. Des années plus tard, en 1666, cette farce rapide devient une pièce en trois actes, *Le Médecin malgré lui,* qui consacre sur la scène du Palais Royal, le personnage de Sganarelle en faux médecin. Il l'enrichit par le fait que Sganarelle est contraint par sa femme, de faire le faux médecin, toujours pour aider Lucinde à déjouer les projets de mariage de son père. Ce stratagème par force exacerbe encore la satire de la médecine, puisque même en remplissant son rôle de mauvaise grâce, il réussit à faire illusion, usant d'un vocabulaire apparemment savant, véritable jargon, hilarant pour le spectateur :

> « Sganarelle. — Or ces vapeurs, dont je vous parle, venant à passer du côté gauche, où est le foie, au côté droit, où est le cœur, il se trouve que le poumon que nous appelons en latin *armyan*, ayant communication avec le cerveau, que nous nommons en grec

nasmus, par le moyen de la veine cave, que nous appelons en hébreu *cubile,* rencontre, en son chemin, lesdites vapeurs qui remplissent les ventricules de l'omoplate ; et parce que lesdites vapeurs... comprenez bien ce raisonnement je vous prie : et parce que lesdites vapeurs ont une certaine malignité... Écoutez bien ceci, je vous conjure.

GÉRONTE. — Oui.

SGANARELLE. — Ont une certaine malignité qui est causée... Soyez attentif, s'il vous plaît.

GÉRONTE. - Je le suis.

SGANARELLE. — Qui est causée par l'âcreté des humeurs, engendrées dans la concavité du diaphragme, il arrive que ces vapeurs... *Ossabandus, nequeys, nequer, potarinum, quipsa milus.* Voilà justement, ce qui fait que votre fille est muette. »

Le travestissement est le point de départ aussi de la critique contre la médecine dans *Dom Juan* (1665) : le personnage de Sganarelle, cette fois un valet, est déguisé en médecin à l'acte III, scène 1 car il doit fuir avec son maître Dom Juan et il explique avoir trouvé ce vieil habit « laissé en gage ». Ce déguisement est l'occasion d'un dialogue dans lequel Sganarelle, en essayant de défendre la médecine face à son maître, construit un discours qui se révèle une satire mordante d'une pratique inefficace mêlée de superstition :

« SGANARELLE. — Quoi, vous ne croyez pas au séné, ni à la casse, ni au vin émétique[1] ?

DOM JUAN. — Et pourquoi veux-tu que j'y croie ?

SGANARELLE. — Vous avez l'âme bien mécréante. Cependant vous voyez depuis un temps que le vin émétique fait bruire ses fuseaux. Ses miracles ont converti les plus incrédules esprits, et il n'y a pas trois semaines que j'en ai vu, moi qui vous parle, un effet merveilleux.

DOM JUAN. — Et quel ?

SGANARELLE. — Il y avait un homme qui depuis six jours était à l'agonie, on ne savait plus que lui ordonner, et tous les remèdes ne faisaient rien, on s'avisa à la fin de lui donner de l'émétique.

1. Sganarelle fait référence ici à des médecines purgatives et laxatives.

Dom Juan. — réchappa, n'est-ce pas ?

Sganarelle. — Non, il mourut.

Dom Juan. — L'effet est admirable.

Sganarelle. — Comment ? il y avait six jours entiers qu'il ne pouvait mourir, et cela le fit mourir tout d'un coup. Voulez-vous rien de plus efficace ? »

Le Malade imaginaire apporte donc une nouvelle critique contre la médecine, mais il en fait cette fois, l'objet même de son propos et non plus un motif de la comédie pour résoudre l'intrigue, ou un sujet secondaire, comme ici comme dans *Dom Juan*.

Une attaque systématique contre la médecine et les médecins

Une question de vocabulaire

Molière montre une **très bonne connaissance du vocabulaire de la médecine** et des pratiques médicales courantes. Comprendre tous les termes précis utilisés par les personnages nécessiterait le recours régulier à un dictionnaire. La musique des mots suffit cependant au plaisir du spectacle, tant la force comique du jargon associé à la bêtise manifeste des médecins est évidente. Il n'en reste pas moins que les spectateurs contemporains de Molière reconnaissaient sans doute les termes utilisés par leurs propres médecins quand ils en consultaient et que le spectateur d'aujourd'hui se réjouit (et s'épouvante peut-être un peu ?) d'entendre tous ces termes et expressions qui semblent devoir tuer le malade rien que par leur prononciation.

La médecine semble bien ignorante du fonctionnement du corps humain

La maladie supposée d'Argan n'est jamais nommée précisément, on l'a dit, et les seuls remèdes qui lui sont apportés sont l'application réduite des paroles répétées dans la parodie de cérémonie du 3e intermède : « donner le clystère/Ensuite saigner/Et puis purger ». **Il n'est question que de purges, de lavements** et de diverses méthodes pour « balayer, laver et nettoyer le bas-ventre de monsieur » (acte I, scène 1). Le nom même de Monsieur Purgon, qui rappelle la purge, montre bien que là se trouve sa seule capacité. La pratique médicale semble alors très hésitante et uniquement fondée sur une observation extérieure du corps humain : les Diafoirus à la scène 6 de l'acte II, **se contentent de lui prendre le pouls pour émettre l'hypothèse d'un diagnostic**, qui n'est d'ailleurs que la mention d'un organe, la rate. La scène tourne court alors qu'Argan fait remarquer que monsieur Purgon n'a pas mentionné le même organe malade et se finit sur la prescription, qui ressemble plutôt à une recette de cuisine :

« Monsieur Diafoirus. — Il vous ordonne sans doute de manger force rôti ?

Argan. — Non, rien que du bouilli.

Monsieur Diafoirus. — Eh oui, rôti, bouilli, même chose. Il vous ordonne fort prudemment, et vous ne pouvez être en de meilleures mains.

Argan. — Monsieur, combien est-ce qu'il faut mettre de grains de sel dans un œuf ?

Monsieur Diafoirus. — Six, huit, dix, par les nombres pairs, comme dans les médicaments, par les nombres impairs. »

Et peu importe qu'Argan soit malade ou non, ce qui est mis en avant ici est l'incompétence manifeste des deux médecins, pourtant si enclins à faire étalage de leur prétendu savoir plus tôt dans la scène. Là encore l**e discours de Toinette semble alors à peine exagéré** quand, à tous les symptômes décrits par Argan, elle répond « le poumon », organe dont la mention n'est pas plus absurde que la rate par les Diafoirus ou le foie par Monsieur Purgon.

Au-delà du comique engendré par l'évocation des lavements ou de pseudo prescriptions, le discours de Molière se fait très grave, dans les paroles de Béralde, à l'acte III, scène 3 :

« Votre Monsieur Purgon, par exemple, n'y sait point de finesse ; c'est un homme tout médecin, depuis la tête jusqu'aux pieds. **Un homme qui croit à ses règles, plus qu'à toutes les démonstrations**

des mathématiques, et qui croirait du crime à les vouloir examiner ; qui ne voit rien d'obscur dans la médecine, rien de douteux, rien de difficile ; et qui avec une impétuosité de prévention, une raideur de confiance, une brutalité de sens commun et de raison, donne au travers des purgations et des saignées, et ne balance aucune chose. Il ne lui faut point vouloir mal de tout ce qu'il pourra vous faire, **c'est de la meilleure foi du monde, qu'il vous expédiera**, et il ne fera, en vous tuant, que ce qu'il a fait à sa femme et à ses enfants, et ce qu'en un besoin il ferait à lui-même.

La médecine est donc au XVIIe, selon le regard qu'y porte Molière, le fait d'hommes obtus, qui peuvent prêter à rire, le temps d'une comédie, mais qui sont surtout très dangereux. Il ne fait ici volontairement pas référence aux découvertes nouvelles, peut-être parce qu'elles semblent finalement encore anecdotiques dans la pratique médicale du temps (et qu'elles prêtent aussi moins à rire ou à réfléchir).

La médecine semble être surtout une question d'argent et de gloire

La scène d'exposition montre Argan seul à sa table, faisant les comptes de toutes les dépenses de médicaments, prescrits par Monsieur Purgon et préparés par Monsieur Fleurant. Cette scène est d'emblée amusante pour créer le portrait d'un personnage entièrement préoccupé de sa santé, mais elle place aussi et surtout **la médecine sur le plan financier** : il s'agit tout d'abord de payer des remèdes forts chers, transformant Argan en « bonne vache à lait » selon les mots de Toinette. Tout l'objet des comptes d'Argan est de diminuer cette facture, en soulignant le prix élevé des multiples prescriptions.

La rupture de Monsieur Purgon avec Argan à l'acte III, scène 5 est aussi explicitement une rupture commerciale. Cet homme qui a « huit mille bonnes livres de rentes » précise Argan à l'acte I, scène 5, semble conclure le mariage de son neveu Thomas Diafoirus pour des raisons uniquement financières, liées aux ressources qu'il pourra tirer des soins apportés. En effet, puisque Argan n'a pas rempli son engagement en ne prenant pas le clystère qui lui a été prescrit, il rompt le contrat en renonçant à faire donation de son bien à son neveu :

> « Je vous déclare que je romps commerce avec vous [...] que je ne veux plus d'alliance avec vous. [...] et que pour finir toute liaison avec vous, voilà la donation que je faisais à mon neveu en faveur du mariage (*il déchire violemment la donation*). »

Il n'est ici nullement question de la santé d'Argan ou des effets du refus de la prise de médicaments sur son corps. C'est d'ailleurs ce qu'a bien compris Toinette quand elle se déguise en médecin à l'acte III, et se présente en quête de gloire plutôt que dans le désir de se mettre au service des malades :

> « Je suis médecin passager, qui vais de ville en ville, de province en province, de royaume en royaume pour chercher d'illustres matières à ma capacité, pour trouver des malades dignes de m'occuper, capables d'exercer les grands et beaux secrets que j'ai trouvés dans la médecine. »

N'importe qui ne peut-il pas être médecin ?

Les trois médecins de la pièce apparaissent donc peu compétents en médecine et Toinette s'intronise elle-même médecin apparemment sans difficulté. Seul son emportement, qui lui fait conseiller à Argan de se faire couper un bras et crever un œil, éveille l'inquiétude de son maître, mais sans qu'il remette en cause le statut de médecin de cet étrange personnage qui ressemble tant à sa servante. Il est d'ailleurs à noter que **les remèdes proposés par Toinette sont sans nul doute bien plus sensés** que les lavements à répétition prescrits par Monsieur Purgon. Elle lui conseille en effet des nourritures fortifiantes et reconstituantes, capables de réparer les dégâts des purges sur son système digestif : « il faut boire votre vin pur ; et pour épaissir votre sang, qui est trop subtil, il faut manger du bon gros bœuf, de bon gros porc, de bon fromage de Hollande, du gruau et du riz, et des marrons et des oublies, pour coller et conglutiner » (III, 10) Toinette se révèle donc presque comme le seul médecin véritable de la pièce, par son bon sens populaire. Quant aux médecins prétendus, la préparation de la cérémonie finale est l'occasion pour Molière d'expliciter, par la bouche de **Béralde de nouveau, donnant des conseils à Argan**, tout ce qu'il pense de leur art et de leur savoir :

> « En recevant la robe et le bonnet de médecin, vous apprendrez tout cela, et vous serez après plus habile que vous ne voudrez. [...] L'on n'a qu'à parler ; **avec une robe et un bonnet, tout galimatias devient savant**, et toute sottise devient raison. »

Et de manière parodique, dans une tonalité très satirique, la cérémonie du 3e intermède met en scène l'intronisation du nouveau médecin Argan, capable tout à coup de parler latin aussi bien que les Diafoirus ou presque et jurant de tout mettre en œuvre pour ne prendre aucune initiative, le malade eût-il à en en mourir.

La satire est donc virulente contre la médecine, non contre Argan, le malade imaginaire. La clôture de la pièce sur cette cérémonie fantaisiste, en apothéose critique, montre la volonté de ridiculiser absolument la médecine dans l'esprit des spectateurs. Pourquoi en effet Argan ne serait-il pas lui-même médecin puisqu'il peut le croire ?

La médecine est une nouvelle dévotion

Finalement le défaut véritable d'Argan se révèle être, plus que son hypocondrie, une forme de folie qui est ici un aveuglement envers la médecine, **une forme de superstition ou de dévotion nouvelle**.

L'exploitation de la crédulité

La médecine est dans cette pièce assimilée à une croyance puisque les médecins sont des imposteurs, autant que Tartuffe se faisant passer pour un dévot dans la pièce éponyme. Béralde parle d'ailleurs de « roman de la médecine » à l'acte III, scène 3 et cette expression est à entendre de manière dépréciative. Le « roman » relève en effet de la fantaisie et de la fiction, de l'invention et non de la science. **Argan est alors un dévot en médecine, un esprit**

attaché à sa croyance, comme Orgon est un dévot en religion dans *Le Tartuffe*. Ces deux personnages sont des doubles l'un de l'autre, ils sont tous deux soumis au pouvoir d'imposteurs qui abusent de leur crédulité et qui exercent une **emprise morale supérieure**. Le seul jargon médical, par l'usage du latin ou l'emploi de termes anatomiques suffit en effet à placer Argan dans une forme de transe qui n'a rien de rationnel, comme le montre son accueil de Toinette déguisée en « médecin de la médecine » (III, 7). De même **les lavements ont pour Argan un pouvoir quasi-mystique** : ils doivent certes « chasser les mauvaises humeurs » (acte I, scène 1) en référence à la théorie ancienne des humeurs, mais Argan leur apporte un pouvoir plus grand encore, comme si ce remède était un rituel nécessaire, en dehors de toute préoccupation physique. Les lavements ponctuent son quotidien comme les gestes liturgiques d'une nouvelle religion.

Les dangers de la superstition

Molière fait donc la satire de la médecine et des médecins mais aussi de la naïveté qui leur accorde tant de pouvoir. Les scènes 4 et 5 de l'acte III nous montrent ainsi des situations, certes amusantes mais surtout très étonnantes. En effet Béralde empêche Monsieur Fleurant d'administrer un nouveau lavement à son frère. Or ce **manquement au rituel médical se transforme en faute morale terrible.** Monsieur Purgon en fait un motif de rupture commerciale avec Argan, nous l'avons vu, mais il va bien plus loin : il lance une série d'imprécations contre Argan, qui font de lui **un hérétique, condamné aux pires châtiments, aux Enfers de la médecine** :

> « Monsieur Purgon. — Puisque vous vous êtes soustrait de l'obéissance que l'on doit à son médecin. [...] Puisque vous vous êtes déclaré rebelle aux remèdes que je vous ordonnais [...] Je veux qu'avant qu'il soit quatre jours vous deveniez dans un état incurable »

Suit alors une énumération de maladies qui valent surtout par la complexité de leurs noms, qui laissent imaginer les souffrances les plus horribles pour celui qui les subira : « que vous tombiez dans la bradypepsie, [...] De la bradypepsie dans la dyspepsie [...] De la dyspepsie dans l'apepsie [...] De l'apepsie dans la lienterie [...]

De la lienterie dans la dysenterie [...] De la dysenterie dans l'hydropisie [...] Et de l'hydropisie dans la privation de la vie où vous aura conduit votre folie ». **Monsieur Purgon se transforme ici en grand Inquisiteur**, condamnant l'hérétique aux pires supplices, par ailleurs tous liés aux fonctions digestives encore et toujours.

Comment guérir la folie d'Argan ?

Pour Monsieur Purgon le comportement hérétique d'Argan est une « folie » (III, 5), mais Béralde rétablit un discours plus sensé en montrant à la scène suivante que c'est le crédit accordé par Argan à son médecin considéré comme un « oracle » qui est une folie. Comment clore alors la pièce puisque le personnage est aveuglé par sa superstition ? L'intervention de Toinette en faux médecin se révèle divertissante et contribue à étoffer la critique de la médecine, mais elle n'a pas pour fonction de faire changer le regard d'Argan. **La pièce ne pourra pas se conclure par une « guérison » car la maladie d'Argan, si elle n'est pas physique, est pourtant bien réelle.** Il s'agit alors de la rendre inoffensive pour lui-même et pour les autres : à Angélique, qui s'inquiète que l'on se moque de son père, Béralde répond :

> « ce n'est pas tant le jouer que s'accommoder à ses fantaisies. Tout ceci n'est qu'entre nous. Nous y pouvons aussi prendre chacun un personnage, et nous donner ainsi la comédie la comédie les uns aux autres. Le carnaval autorise cela. »

La pièce se finit donc comme elle a commencé, sur un divertissement, rappelant que l'essentiel est de se divertir, de prendre du recul face à soi-même et ses comportements pour mieux les regarder, les comprendre et les envisager avec bienveillance quand on peut en éliminer les effets néfastes. Les médecins sont renvoyés, les jeunes gens vont se marier et Argan vit un rêve éveillé, en se croyant lui-même médecin l'espace d'un instant, comme Monsieur Jourdain se croit devenu *grand mamamouchi* dans l'extraordinaire cérémonie turque du *Bourgeois gentilhomme.*

Le spectacle de la comédie est alors à entendre comme une version burlesque de la catharsis de la tragédie : il ne s'agit pas ici de « purgation des passions » en faisant éprouver la terreur et la pitié, mais d'une forme de lavement permettant d'« amollir, humecter et rafraîchir les entrailles [...] pour balayer, laver et nettoyer le bas-ventre » selon les vertus supposées des traitements administrés à Argan. **Le clystère de la comédie offre ainsi un remède contre la « maladie de la médecine », en éliminant par le rire et le spectacle les mauvaises humeurs** que sont les médecins eux-mêmes et les croyances superstitieuses qui les accompagnent. Béralde dit lui-même au début de l'acte III, après le divertissement du 2e intermède « cela ne vaut-il pas une prise de casse ? », c'est-à-dire une purge.

À retenir en vue de l'examen

La démarche d'appropriation de l'œuvre

La connaissance précise de l'œuvre est nécessaire, aussi bien pour l'écrit que pour l'oral du Baccalauréat.

En effet **à l'écrit,** choisir la **dissertation en 4 heures**, suppose de pouvoir se référer précisément au texte alors même que le livre n'est pas à disposition. Il s'agit donc d'avoir en tête précisément **la structure de la pièce**, de connaître les étapes de l'intrigue et de **savoir mentionner les scènes les plus emblématiques** afin de mener une argumentation solide et pertinente.

Cette très bonne connaissance de l'œuvre est également nécessaire **pour l'oral si l'on choisit de présenter *Le Malade imaginaire* pour la seconde partie de l'épreuve.** Les attendus de la prestation orale, tels que les définissent les textes officiels sont les suivants : « capacité à défendre une lecture personnelle ; capacité à expliquer et justifier ces choix ; qualités d'analyse et d'argumentation, de communication et de persuasion ». Il s'agit donc, à l'oral cette fois, de faire également la preuve d'une **maîtrise fine de la pièce de Molière pour appuyer sa présentation puis répondre aux questions posées par l'examinateur.** Cela signifie là aussi que l'on peut mentionner les scènes les plus importantes pour illustrer la démarche de l'auteur, que l'on peut restituer l'architecture d'ensemble de l'œuvre et que l'on doit être capable de formuler les enjeux du spectacle théâtral et de la comédie pour Molière pour appuyer son argumentation.

Les extraits essentiels

Si l'on reprend la pièce dans son déroulement, voici cinq scènes dont il faut connaître les références précises :

La scène d'exposition, acte I, scène 1

La scène d'ouverture de la pièce présente Argan, seul assis à sa table, **faisant des comptes d'apothicaire.** Cette expression du langage courant désigne d'après la définition du *Trésor de la langue française* « des calculs compliqués ou mesquins, ou que l'on présume exagérément majorés ». L'apothicaire associé à ces comptes, avec ses potions mystérieuses et ses préparations comprenant des substances rares, est alors suspecté de profiter malhonnêtement du peu de connaissances de ses clients.

Cette scène est une référence essentielle de la pièce car elle constitue un **morceau de bravoure pour le comédien en charge du rôle d'Argan** : il porte la responsabilité de l'ouverture de la pièce, et donc doit capter l'intérêt du public et lancer la dynamique du spectacle, en installant un personnage, une situation et un début d'intrigue. Et pour cela, il est immobile (« *assis* » nous indique la didascalie) et il doit dérouler une tirade qui associe termes complexes de médecine et énumération de sommes dues avec une multiplication de chiffres qu'il est rapidement impossible de suivre. Tout l'enjeu de la pièce se trouve pourtant bien là : Argan ne pense qu'aux soins apportés par Monsieur Purgon et Monsieur Fleurant et ceux-ci profitent de sa crédulité pour lui soutirer son argent.

Il faut donc savoir faire référence à cette scène pour montrer comment Molière rend dynamique une situation de départ qui semble bien peu propice au plaisir du spectateur : le monologue d'Argan se transforme en dialogue imaginaire avec Monsieur Fleurant auprès duquel il conteste la facture, et la multiplication des termes du jargon médical devient une musique amusante à nos oreilles, qui suffit à poser l'obsession du personnage. D'autant plus amusante que nous percevons, à travers quelques termes obscurs le retour insistant de références aux lavements et aux fonctions corporelles premières qui ne manqueront pas de faire rire, par exemple dans cet extrait :

> « Ce qui me plaît, de Monsieur Fleurant mon apothicaire, c'est que ses parties sont toujours fort civiles. "Les entrailles de Monsieur, trente sols". Oui, mais, Monsieur Fleurant, ce n'est pas tout que d'être civil, il faut être aussi raisonnable, et ne pas écorcher les malades. Trente sols un lavement, je suis votre serviteur, je vous l'ai déjà dit. Vous ne me les avez mis dans les autres parties qu'à vingt sols, et vingt sols en langage d'apothicaire, c'est-à-dire dix sols ; les voilà, dix sols. "Plus dudit jour, un bon clystère détersif, composé avec catholicon double, rhubarbe, miel rosat, et autres, suivant l'ordonnance, pour balayer, laver, et nettoyer le bas-ventre de Monsieur, trente sols" ; avec votre permission, dix sols. "Plus dudit jour le soir un julep hépatique, soporatif, et somnifère, composé pour faire dormir Monsieur, trente-cinq sols" ; je ne me plains pas de celui-là, car il me fit bien dormir. »

La scène 5 de l'acte II

Cette très longue scène est située au centre de la pièce et il faut pouvoir y faire référence précisément car elle est représentative de **tous les enjeux de l'intrigue** et elle présente également **toutes les potentialités de la comédie alliée au spectacle** dans **l'esprit de la comédie ballet.**

Tout d'abord cette scène fait apparaître les Diafoirus, père et fils. Ces personnages ont fait la célébrité de la pièce de Molière au point que l'on use aujourd'hui de **l'antonomase**[1] **« un Diafoirus »** pour parler de ceux qui se prétendent savants et se font admirer par un discours faussement élaboré mais ridicule. Les Diafoirus sont aussi véritablement dangereux par leur incompétence et leur refus de prendre en compte les progrès du savoir. Cette scène est la démonstration éclatante de cette bêtise, par la **mise en scène ridicule du « *benêt* » Thomas Diafoirus**, incapable de prononcer un

1. Nom propre devenu nom commun : « il identifie une classe d'individus qui a les mêmes qualités, généralement stéréotypées, que celui qui porte ce nom » (Catherine Fromilhague, *Les figures de style*, collection 128, Nathan).

compliment sincère et usant de formules prétentieuses et creuses. Face à lui plusieurs comportements sont à relever, qui explicitent les rôles des personnages et l'enjeu de la scène dans l'intrigue : **l'admiration naïve d'Argan** subjugué par la robe de médecin de son futur gendre montre l'étendue de sa dévotion à la médecine ; **l'ironie mordante de Toinette** qui feint d'admirer comme son maître le jeune médecin ; **l'habileté de Cléante** pour parvenir à parler d'amour à Angélique ; **la force de caractère d'Angélique** pour s'opposer aimablement aux prétentions de Thomas Diafoirus et répondre à son amant en chantant. Les caractères sont clairement dessinés ici pour une compréhension claire et le plaisir du spectateur.

Et nous avons vu plus haut (étude de la mise en abyme) que cette scène **multiplie les situations de théâtre dans le théâtre**, par le jeu volontaire de Toinette et Dorante puis Angélique, l'insertion d'un passage chanté, le duo comique involontaire d'Argan et Monsieur Diafoirus et la représentation ridicule de Thomas Diafoirus. Cette scène est donc une référence indispensable pour illustrer l'idée d'un spectacle complet dans la conception de la comédie moliéresque.

La scène 3 de l'acte III

Dans un registre beaucoup plus sérieux, cette scène constitue l'une des références essentielles de la pièce puisque l'on peut dire que **Molière fait explicitement de Béralde son double et son porte-parole**. Dans cette scène il s'efforce de ramener son frère Argan à la raison en lui montrant la dangerosité d'une croyance aveugle en la médecine. Il lui propose alors « pour [le] divertir, de [le] mener voir, sur ce chapitre, quelqu'une des comédies de Molière ». La **mise en abyme** est ici amusante pour le spectateur puisqu'il est justement lui-même en train d'assister à la représentation d'une comédie de Molière. Mais surtout cette scène permet **d'expliciter la démarche du dramaturge** en évoquant aussi les critiques dont il peut faire l'objet :

> « ARGAN. — C'est un bon impertinent que votre Molière avec ses comédies, et je le trouve bien plaisant d'aller jouer d'honnêtes gens comme les médecins.

BÉRALDE. — Ce ne sont point les médecins qu'il joue, mais le ridicule de la médecine.

ARGAN. — C'est bien à lui à faire de se mêler de contrôler la médecine ; voilà un bon nigaud, un bon impertinent, de se moquer des consultations et des ordonnances, de s'attaquer au corps des médecins, et d'aller mettre sur son théâtre des personnes vénérables comme ces Messieurs-là.

BÉRALDE. — Que voulez-vous qu'il y mette, que les diverses professions des hommes ? On y met bien tous les jours les princes et les rois, qui sont d'aussi bonne maison que les médecins.

ARGAN. — Par la mort non de diable, si j'étais que des médecins je me vengerais de son impertinence, et quand il sera malade, je le laisserais mourir sans secours. Il aurait beau faire et beau dire, je ne lui ordonnerais pas la moindre petite saignée, le moindre petit lavement ; et je lui dirais : "crève, crève, cela t'apprendra une autre fois à te jouer à la Faculté".

BÉRALDE. — Vous voilà bien en colère contre lui.

ARGAN. — Oui, c'est un malavisé, et si les médecins sont sages, ils feront ce que je dis. »

En plaçant les adversaires du théâtre de Molière du côté d'Argan, il les ridiculise alors que Béralde, qui défend la démarche du dramaturge et sa méfiance envers la médecine, représente l'homme sage et bienveillant.

La scène 10 de l'acte III

Cette scène fait partie des plus connues du théâtre de Molière, comme la « scène du poumon » : la servante Toinette, qui s'est déguisée en médecin, parodie une consultation médicale. Mais son jeu, qui paraît outré et caricatural, se révèle en fait aussi une imitation parfaite des médecins, Monsieur Purgon et les Diafoirus, tels qu'ils sont apparus sur la scène.

La référence à cette scène est donc indispensable dans un propos sur les stratagèmes et la mise en scène, **le spectacle dans le spectacle pour le plaisir du spectateur complice**. Toinette se laisse d'ailleurs emporter par le plaisir du jeu elle-même et elle va jusqu'à conseiller à son maître de se faire couper une jambe et crever un œil. Mais il apparaît bien que l'hypocondrie d'Argan est une folie que rien ne viendra guérir, et s'il trouve que ce médecin va un peu loin dans ses prescriptions, il ne remet pas en cause son honnêteté et ne saurait voir en lui un charlatan.

Cette scène est également une référence utile dans un **travail sur les formes de comique de langage** : le jargon de la médecine, les formules répétitives, les jurons que se permet Toinette à l'égard de son maître, la docilité inquiète d'Argan… tout est mis en œuvre pour que le langage soit le support premier du rire. La réplique, « Le poumon. », qui vient conclure de manière affirmative chaque nouvelle évocation d'un pseudo symptôme d'Argan, est un leitmotiv que le spectateur peut lui-même prononcer avec le personnage. La répétition comique est ici porteuse d'un discours critique puisque c'est bien **par le langage et l'affirmation péremptoire de savoirs très incertains que les médecins assoient leur puissance** sur les esprits à l'époque de Molière.

Le troisième intermède

La cérémonie qui clôture la pièce est une référence essentielle également pour **argumenter sur la démarche théâtrale de Molière**. Elle est l'exemple précis de ce qu'est la **comédie ballet en alliant le spectacle chanté et dansé et le jeu théâtral**. En effet c'est le seul moment de la pièce où les personnages de l'intrigue sont non seulement spectateurs du divertissement mais aussi acteurs. En effet Béralde joue en quelque sorte l'assistant de la mise en scène en demandant à Argan de prendre un rôle et Argan lui-même en est le personnage principal.

Ce final est alors le **point d'orgue de la critique contre la médecine** puisque le réel et le fantaisiste se rejoignent : la compagnie invitée par Béralde est présentée comme une « Faculté » et la cérémonie mime en tous points une véritable cérémonie de réception d'un médecin. On ne sait d'ailleurs pas si Argan y croit réellement ou pas.

Ainsi surtout, ce dernier intermède, de clôture de la pièce, constitue **le véritable dénouement de la pièce** : les jeunes gens vont se marier et le mensonge de Béline a été découvert, certes, mais surtout la folie d'Argan ne peut être guérie, il reste alors à s'en accommoder en lui offrant une manière de vivre plus sereinement et loin des charlatans. Cet intermède final est donc la réponse apportée par le dramaturge aux imposteurs que sont, entre autres les médecins : le plaisir du divertissement théâtral est un remède indispensable, bien plus efficace que les lavements et les saignées. Et il est à remarquer que ce divertissement permet de **réunir la famille d'Argan autour de lui de manière bienveillante et aimante** puisqu'il ne s'agit plus de se moquer de lui mais de « s'accommoder à ses fantaisies » selon les mots de Béralde. Dans une ultime mise en abyme cet intermède nous dit que la comédie est un spectacle de **divertissement qui rassemble et apporte le bonheur de tous, en écartant les importuns**.

Les citations à connaître

Voici des citations essentielles qui pourront servir à illustrer précisément un argument dans une dissertation ou une réponse dans la deuxième partie de l'oral de l'examen

Sur la parodie de la médecine

« un petit clystère insinuatif, préparatif et rémollient, pour amollir, humecter et rafraîchir les entrailles de monsieur » (Argan lisant la facture de Monsieur Fleurant, acte I, scène 1)

« J'ai contre les circulateurs soutenu une thèse qu'avec la permission de monsieur, j'ose présenter à mademoiselle comme un hommage que je lui dois des prémisses de mon esprit » (Thomas Diafoirus, à l'acte II, scène 5, se présentant à Angélique)

« J'ai à vous dire que je vous abandonne à votre mauvaise constitution, à l'intempérie de vos entrailles, à la corruption de votre sang, à l'âcreté de votre bile et à la féculence de votre humeur » (Monsieur Purgon, acte III, scène 5, lançant une malédiction contre Argan qui n'a pas pris son clystère)

« *Ignorantus, ignoranta, ignorantum* » (Toinette auscultant Argan, acte III, scène 10)

« *De non jamais te servire/De remediis aucunis,/Quam de ceux seulement doctae Facultatis ;/Maladus dût-il crevare/Et mori de suo malo* » (serment prononcé par le président de la Faculté de médecine dans le 3e intermède)

Sur la critique directe de la médecine

« Ils ont en vous une bonne vache à lait » (Toinette à Argan, acte I, scène 2)

« Il faut qu'il ait tué bien des gens pour s'être fait si riche » (Toinette acte I, scène 5, à propos de la richesse de Monsieur Purgon)

« Je ne vois rien de plus ridicule qu'un homme qui se veut mêler d'en guérir un autre » (Béralde, acte III, scène 3)

« Le roman de la médecine » (Béralde, acte III, scène 3)

« Ce ne sont point les médecins qu'il joue mais le ridicule de la médecine » (Béralde, acte III, scène 3, à propos des comédies de Molière)

« Avec une robe et un bonnet, tout galimatias devient savant, et toute sottise devient raison » (Béralde, acte III, scène 14)

Sur la critique indirecte de la médecine

« Ah ! Monsieur Fleurant tout doux, s'il vous plaît ; si vous en usez comme cela, on ne voudra plus être malade » (Argan, acte I, scène 1, à propos de la facture de son apothicaire)

« S'il est aussi bon médecin qu'il est bon orateur, il y aura plaisir à être de ses malades » (Toinette, acte II, scène 5 à propos des compliments récités par Thomas Diafoirus)

« Ce qu'il y a de fâcheux auprès des grands, c'est que, quand ils viennent à être malades, ils veulent absolument que leurs médecins les guérissent » (monsieur Diafoirus, acte II, scène 5)

« on voit bien que vous n'avez pas accoutumé à parler à des visages » (Béralde à monsieur Fleurant venu administrer un clystère à Argan, acte III, scène 4)

Sur la crédulité et l'imposture

« Quoi, Monsieur, vous auriez fait ce dessein burlesque ? » (Toinette à Argan acte I, scène 5, à propos de son projet de mariage)

« Ne me parlez point de bien, je vous prie. Ah ! de combien sont les deux billets ?» (Béline, acte I, scène 7, à propos de l'héritage d'Argan qu'elle convoite sans en avoir l'air)

« Ma foi, mon frère, vous êtes fou [...] revenez à vous-même et ne donnez point tant à votre imagination » (Béralde à Argan, acte III, scène 6)

« et non plus que l'entêtement de la médecine, je ne puis souffrir l'entêtement où vous êtes pour elle » (Béralde à Argan, acte III, scène 11, à propos de l'aveuglement de son frère sur les intentions de sa femme)

Sur le jeu dans le jeu

« Pour vous servir avec plus d'effet, je veux changer de batterie, couvrir le zèle que j'ai pour vous, et feindre d'entrer dans les sentiments de votre père et de votre belle-mère » (Toinette à Angélique, acte I, scène 8)

« Avant que de chanter, il faut que je prélude un peu, et joue quelque pièce, afin de mieux prendre mon ton » (Polichinelle dans le 1er intermède)

« Cette comédie-là est de fort mauvais exemple » (Argan, acte II, scène 5, à propos du « petit opéra impromptu » de Cléante et Angélique)

« Voilà un avis au lecteur qui me rendra sage à l'avenir, et qui m'empêchera de faire bien des choses » (Argan, acte III, scène 12, quand il se rend compte de l'imposture de Béline)

Sur le plaisir du spectacle

« Laissez, laissez là sa gloire,
Ne songez qu'à ses plaisirs » (Pan dans l'Églogue)

« je vous amène un divertissement que j'ai rencontré, qui dissipera votre chagrin [...] cela vaudra bien une ordonnance de Monsieur Purgon » (Béralde, acte II, scène 8 à Arnolphe, pour annoncer le 2e intermède)

« Ce n'est pas tant le jouer que de s'accommoder à ses fantaisies. Tout ceci n'est qu'entre nous. Nous pouvons ainsi nous donner la comédie les uns aux autres. Le carnaval autorise cela » (Béralde, acte III, scène 14, à propos de la parodie de cérémonie au 3e intermède)

Le parcours associé
« **Spectacle et comédie** »

Présentation du parcours

Enjeux et thématiques

La démarche du parcours associé à l'œuvre

L'objectif du parcours associé est présenté dans le texte du programme officiel (*Bulletin officiel de l'Éducation nationale* du 22 janvier 2019) comme devant permettre de « situer [l'œuvre] dans son contexte historique et générique ». Il faut donc entendre l'intitulé du parcours comme une piste de **compréhension contextualisée de l'œuvre** : *Le Malade imaginaire* a été écrit dans une époque donnée qui est à considérer aussi bien dans ses particularités littéraires et culturelles, que dans ses particularités historiques, sociales et politiques. Il faut donc entendre les termes de « spectacle » et de « comédie » dans ce contexte spécifique. L'œuvre prend en outre naissance, sous la plume de Molière, dans son parcours personnel d'homme et de dramaturge, mais aussi dans une période aux spécificités marquées pour le théâtre, à connaître pour en apprécier tous les enjeux et toutes les nuances.

Le parcours est donc l'occasion **d'étudier d'autres textes de Molière ou d'autres textes de son temps**, pour comprendre l'œuvre dans le théâtre du XVIIe, mais aussi de **parcourir l'histoire du théâtre** pour le replacer dans une histoire littéraire plus large. L'objet d'étude du théâtre est en en effet défini par le programme dans une période très large entre le XVIIe et le XXIe siècle. Nous pouvons donc élargir notre réflexion en ne limitant pas notre regard à la comédie de l'âge classique et en pensant aussi à ce que veut dire *faire spectacle* aujourd'hui sur les scènes de théâtre contemporaines. On ne saurait trop conseiller la fréquentation physique des théâtres ou salles diverses proposant des mises en scène théâtrales, pour approfondir notre étude. Le théâtre est un art vivant et plus que pour les autres objets d'étude du programme, sortir du livre est ici essentiel. Et si la salle de spectacle reste inaccessible l'Institut national de l'Audiovisuel propose sur son site internet, *En scènes*[1] des captations de mises en scène, des interviews de comédiens et metteurs en scène…

Les enjeux et les questionnements du parcours

L'intitulé du parcours associe deux termes qui semblent s'allier sans difficulté particulière. La comédie évoque le théâtre et donc la représentation théâtrale, le spectacle. Il faut pourtant prendre le temps d'étudier chacun de ces deux termes, « comédie » et « spectacle » pour envisager toute la richesse de leur association.

La comédie, tout d'abord, désigne un genre théâtral, finalement assez codifié, même si ses règles ont évolué à travers le temps et qu'elle s'est trouvée renouvelée. Si l'on s'arrête à la définition de l'âge classique, à l'époque de Molière, elle met en scène des personnages du peuple (du paysan au riche bourgeois), aux prises avec des problèmes qui touchent la société contemporaine (question de mariage, d'argent, disputes familiales, pièges et impostures…). L'action prend place dans un lieu commun, une place de village, une demeure bourgeoise. Le spectacle théâtral, par la comédie semble alors offrir, **une représentation de ce que les spectateurs vivent à l'extérieur**, dans leur vie quotidienne, mais à traits soulignés, dans une démarche qui cherche à plaire et instruire (*placere et docere* selon les principes tirés d'Aristote…). **La comédie est donc aussi le lieu du registre comique, du spectacle qui procure l'amusement**, du sourire entendu complice jusqu'au rire spontané ou grossier. La comédie évolue grandement entre le XVIIe et le XXIe siècle mais son unité reste dans l'idée d'un dénouement heureux et des modulations du registre comique. Le parcours qui accompagne l'œuvre de Molière nous invite donc à étudier le plaisir et les formes de l'amusement proposées par le spectacle théâtral de la comédie, leur mise en spectacle.

1. https://fresques.ina.fr/en-scenes/

Le spectacle est à considérer aussi comme **ce que l'on voit, la représentation au sens matériel du terme.** Le parcours nous invite à réfléchir aux conditions même de la représentation de la comédie, dans les décors, la question de la mise en scène et des démarches mises en œuvre et donc à la condition des comédiens aussi. L'association des deux termes « spectacle et comédie » place le terme de « spectacle » en premier et nous invite donc à nous demander **ce qu'est le spectacle quand il s'agit de monter une comédie sur un plateau scénique.** *Faire spectacle, monter un spectacle* n'est en effet pas synonyme de proposer du spectaculaire et de l'extraordinaire, donc il sera intéressant de considérer différents exemples.

Enfin on ne peut pas user du mot « comédie » sans songer à **son sens figuré** puisque *jouer la comédie* signifie, en général avec une connotation péjorative, faire semblant, se montrer autre que ce que l'on est, **se donner en spectacle dans un autre rôle que le sien.** Ce sens détaché du jeu théâtral au sens professionnel du terme nous incite alors à **réfléchir aussi à la question de la vérité dans le jeu théâtral.** Un spectacle théâtral est un moment évidemment distinct du réel du quotidien, nous savons bien que les comédiens reprendront leur vie après la représentation et que ce qui se passe sur la scène n'est que fiction. Et pourtant la force du jeu est aussi de nous faire éprouver des émotions réelles, et donc de nous faire croire un moment à la vérité de ce que nous voyons. Par conséquent, l'intitulé du parcours « spectacle et comédie » nous amène aussi à questionner le réel et l'effet du spectacle sur le réel : Argan joue la comédie en feignant d'être mort, par là même il provoque la révélation de la vérité des sentiments de Béline.

Finalement le parcours proposé en accompagnement et prolongement du *Malade imaginaire,* est à envisager à travers plusieurs questionnements :

- Quel type de spectacle théâtral propose spécifiquement la comédie ?
- En quoi la comédie peut-elle se révéler spectaculaire ?
- Qu'est-ce que la comédie met exactement sous la lumière, pour que nous le regardions ?

- Jouer la comédie, est-ce seulement se donner en spectacle et jouer une situation et un personnage faux ?...

Tous ces questionnements seront aussi autant de pistes pour envisager la dissertation sur l'œuvre et son parcours.

Auteurs et références incontournables

Pour étoffer la réflexion sur la notion de spectacle dans la comédie, on pourra commencer par lire ou relire, voir ou revoir, les comédies de Molière. Les ressources sont pléthoriques, dans la programmation des théâtres, dans la projection de mises en scène de la Comédie-Française par les salles de cinéma ou par l'accessibilité toujours plus grande de multiples captations sur internet.

Ensuite, et comme les parcours ci-dessous vous y invitent, on pourra envisager l'évolution de la comédie à travers ses plus grands représentants dans le théâtre français, attestant de l'évolution du genre, en lien avec l'évolution de la société et de ses préoccupations : Corneille contemporain de Molière, Marivaux puis Beaumarchais au XVIIIe, Feydeau au XIXe siècle...

La réflexion sur la notion de « spectacle » s'enrichira par ailleurs de tous les spectacles vivants auxquels on peut assister, pour familiariser le regard avec les contraintes du jeu scénique autant qu'avec l'inventivité toujours renouvelée des metteurs en scène.

Enfin, on pourra compléter la réflexion de manière théorique en lisant l'essai de Diderot, *Le Paradoxe du comédien* (1777) qui pose la question de la vérité dans le jeu théâtral et permet donc d'envisager aussi la manière dont la comédie est révélatrice de vérité sur la société et les êtres.

Propositions de parcours autour de l'œuvre

Parcours 1 La mise en abyme, le théâtre dans le théâtre

Le Malade imaginaire propose un spectacle complet et sans cesse renouvelé par le choix de la comédie ballet qui allie différents arts du spectacle, mais aussi par les situations de mise en abyme. Nous pouvons alors étudier d'autres extraits de **comédies jouant de l'enchâssement du spectacle dans le spectacle.**

Texte 1. Molière, *Le Bourgeois gentilhomme,* 1670

Acte V, scène 7

COVIELLE. — Ne faites que m'écouter ; vous ferez après ce qu'il vous plaira.

MADAME JOURDAIN. — Hé bien ! quoi ?

COVIELLE, *à part.* — Il y a une heure, Madame, que nous vous faisons signe. Ne voyez-vous pas bien que tout ceci n'est fait que pour nous ajuster aux visions de votre mari, que nous l'abusons sous ce déguisement, et que c'est Cléonte lui-même qui est le fils du Grand Turc ?

MADAME JOURDAIN *bas à Covielle.* — Ah ! ah !

COVIELLE *bas à Mme Jourdain.* — Et moi Covielle qui suis le truchement ?

MADAME JOURDAIN *bas à Covielle.* — Ah ! comme cela je me rends.

COVIELLE *bas à Mme Jourdain.* — Ne faites pas semblant de rien

MADAME JOURDAIN *haut.* — Oui, voilà qui est fait, je consens au mariage.

MONSIEUR JOURDAIN. — Ah ! Voilà tout le monde raisonnable. Vous ne vouliez pas l'écouter. Je savais bien qu'il vous expliquerait ce que c'est que le fils du Grand Turc.

MADAME JOURDAIN. — Il me l'a expliqué comme il faut, et j'en suis satisfaite. Envoyons quérir un notaire.

DORANTE. — C'est fort bien dit. Et afin, Madame Jourdain, que vous puissiez avoir l'esprit tout à fait content, et que vous perdiez aujourd'hui toute jalousie que vous pourriez avoir conçue de Monsieur votre mari, c'est que nous nous servirons du même notaire pour nous marier Madame et moi.

MADAME JOURDAIN. — Je consens aussi à cela.

MONSIEUR JOURDAIN *bas à Dorante.* — C'est pour lui faire accroire.

DORANTE *bas à Monsieur Jourdain.* — Il faut bien l'amuser avec cette feinte.

MONSIEUR JOURDAIN *bas.* — Bon, bon. *Haut* Qu'on aille vite quérir le notaire.

DORANTE. — Tandis qu'il viendra, et qu'il dressera les contrats, voyons notre ballet, et donnons-en le divertissement à son Altesse Turque.

MONSIEUR JOURDAIN. — C'est fort bien avisé : allons prendre nos places.

MADAME JOURDAIN. — Et Nicole ?

MONSIEUR JOURDAIN. — Je la donne au truchement ; et ma femme à qui la voudra.

COVIELLE. — Monsieur, je vous remercie. Si l'on peut en trouver un plus fou, je l'irai dire à Rome.

(*La comédie finit par un petit ballet qui avait été préparé.*)

Dans ce dénouement, Lucile, la fille de Monsieur Jourdain, a enfin obtenu le consentement de son père pour épouser l'homme qu'elle aime, Cléonte. Pour cela les jeunes gens ont construit un stratagème à l'aide de Nicole, la servante et de Covielle, son amant et valet de Cléonte : ils ont inventé la visite du Grand Turc qui fait l'honneur de demander la main de Lucile pour son fils. Monsieur Jourdain, aveuglé par la promesse de prestige liée à ce mariage, y a consenti et pense être maître de la situation, comme des décisions concernant sa famille. **Le jeu est ici démultiplié** car chacun est ou se croit spectateur de l'erreur de l'autre, comme l'attestent les différents apartés. D'un côté la mise en scène du vrai mariage de Lucile avec un faux Turc, doublé du vrai mariage de Nicole avec un faux émissaire turc. De l'autre monsieur Jourdain qui croit se jouer de sa femme en lui imposant une situation qu'elle ne souhaitait pas. Et comme dans *Le Malade imaginaire,* la comédie ballet se finit par un divertissement inclus comme spectacle dans l'intrigue elle-même.

Texte 2. Corneille, *L'Illusion comique,* 1635

Acte V, scène 6

PRIDAMANT. –

[…]
Adieu je vais mourir, puisque mon fils est mort.

ALCANDRE. –

D'un juste désespoir l'effort est légitime,
Et de le détourner je croirais faire un crime.
Oui, suivez ce cher fils sans attendre demain,
Mais épargnez du moins ce coup à votre main :
Laissez faire aux douleurs qui rongent vos entrailles,
Et, pour les redoubler, voyez ses funérailles.

(On tire un rideau et on voit tous les comédiens qui partagent leur argent)

PRIDAMANT. –

Que vois-je ! Chez les morts, compte-t-on de l'argent ?

ALCANDRE. –

Voyez si pas un d'eux s'y montre négligent !

PRIDAMANT. –

Je vois Clindor, Rosine, ah ! Dieu ! quelle surprise !
Je vois leur assassin, je vois sa femme et Lise !
Quel charme en un moment étouffe leurs discords
Pour assembler ainsi les vivants et les morts ?

ALCANDRE. –

Ainsi tous les acteurs d'une troupe comique,
Leur poème récité, partagent leur pratique.
L'un tue et l'autre meurt, l'autre vous fait pitié,
Mais la scène préside à leur inimitié ;
Leurs vers font leur combat, leur mort suit leurs paroles,
Et sans prendre intérêt en pas un de leurs rôles,
Le traître et le trahi, le mort et le vivant
Se trouvent à la fin amis comme devant.
Votre fils et son train ont bien su par leur fuite
D'un père et d'un prévôt éviter la poursuite ;
Mais tombant dans les mains de la nécessité,
Ils ont pris le théâtre en cette extrémité

PRIDAMANT. –

Mon fils comédien !

Corneille est un représentant du théâtre baroque, forme qui rencontre beaucoup de succès dans la première moitié du XVIIe siècle. Ce théâtre offre un spectacle riche en « machines » c'est-à-dire en effets spéciaux créés par des machineries ingénieuses et spectaculaires. Dans cet extrait qui précède immédiatement le dénouement de la pièce, Pridamant se rend compte que **ce qu'il prenait pour un enchantement du mage Alcandre était en réalité une représentation théâtrale.** La vision magique se dissipe donc et les jeunes gens, qu'il pense avoir vu mourir sous ses yeux, se révèlent des comédiens en bonne santé. Cette scène nous intéresse dans notre parcours sur la mise en abyme puisqu'il s'agit bien de théâtre dans le théâtre, et ici est soulignée l'excellence du jeu des comédiens. Pridamant pense tout d'abord avoir eu la vision du réel et il a en réalité été dupé par **le jeu théâtral, capable d'inspirer les émotions les plus fortes et les plus authentiques.** La mise en abyme est alors double puisque Pridamant assiste à une représentation théâtrale et par ce spectacle dans le spectacle, Corneille nous amène à réfléchir à la puissance d'évocation du théâtre, c'est-à-dire de l'art qu'il emploie justement sous nos yeux, pour transformer une situation tragique en fin heureuse.

Texte 3. Marivaux, *Le Jeu de l'amour et du hasard,* 1730, acte I, scène 7

SILVIA, *à part.* — Mais en vérité, voilà un garçon qui me surprend malgré que j'en aie... (*Haut.*) Dis-moi, qui es-tu toi qui me parles ainsi ?

DORANTE. — Le fils d'honnêtes gens qui n'étaient pas riches.

SILVIA. — Va : je te souhaite de bon cœur une meilleure situation que la tienne, et je voudrais pouvoir y contribuer, la fortune a tort avec toi.

DORANTE. — Ma foi, l'amour a plus de tort qu'elle, j'aimerais mieux qu'il me fût permis de te demander ton cœur, que d'avoir tous les biens du monde.

SILVIA, *à part.* — Nous voilà grâce au ciel en conversation réglée. (*Haut.*) Bourguignon je ne saurais me fâcher des discours que tu me tiens ; mais je t'en prie, changeons d'entretien, venons à ton maître, tu peux te passer de me parler d'amour, je pense ?

DORANTE. — Tu pourrais bien te passer de m'en faire sentir toi.

SILVIA. — Ahi ! Je me fâcherai, tu m'impatientes, encore une fois laisse là ton amour.

DORANTE. — Quitte donc ta figure.

SILVIA, *à part.* — À la fin, je crois qu'il m'amuse... (*Haut.*) Eh bien, Bourguignon, tu ne veux donc pas finir, faudra-t-il que je te quitte ? (*À part.*) Je devrais déjà l'avoir fait.

DORANTE. — Attends, Lisette, je voulais moi-même te parler d'autre chose ; mais je ne sais plus ce que c'est.

SILVIA. — J'avais de mon côté quelque chose à te dire ; mais tu m'as fait perdre mes idées aussi à moi.

DORANTE. — Je me rappelle de t'avoir demandé si ta maîtresse te valait.

SILVIA. — Tu reviens à ton chemin par un détour, adieu.

Dans cette comédie de Marivaux, Silvia et Dorante sont promis l'un à l'autre en mariage. Silvia a alors imaginé, avec l'accord bienveillant de son père, d'échanger son rôle avec sa suivante Lisette afin d'observer, sans qu'il s'en doute, son futur époux. Mais elle ignore que Dorante a fait exactement de même avec son valet Bourguignon. Dans cette scène les deux jeunes gens se rencontrent, **ils jouent chacun un rôle, pensant duper l'autre mais en étant l'objet en même temps d'une supercherie**. Le plaisir du spectateur est alors de voir dans le jeu des répliques et apartés la naissance d'un intérêt mutuel sincère, à travers le jeu de comédie qu'ils se donnent.

Bilan de ce parcours et prolongements possibles

Ces trois textes montrent des exemples variés de théâtre dans le théâtre, le plaisir du spectateur venant en grande part de ce qu'il sait des stratagèmes mis en place et des pièges dans lesquels peuvent tomber des personnages. La mise en abyme permet aussi une réflexion sur l'art théâtral lui-même.

On ne peut que conseiller alors d'aller au théâtre voir des mises en scène de ces trois pièces dont nous avons tiré des extraits, ou de regarder une des nombreuses captations qui en existent, tant ces pièces constituent des monuments patrimoniaux du théâtre français. Pour ne donner qu'un exemple, la mise en scène du *Bourgeois gentilhomme* par Denis Podalydès, avec une scénographie d'Éric Ruf (directeur de la Comédie-Française) et des costumes de Christian Lacroix est une référence magistrale de comédie ballet portée sur un plateau scénique.

On peut ensuite envisager des prolongements divers pour ce parcours. Tout d'abord, et pour repartir du théâtre de Molière, nous pouvons nous arrêter sur **les représentations des Fêtes des « Plaisirs de l'île enchantée »**, nom donné par Louis XIV aux festivités de Versailles, pendant lesquelles le Roi lui-même se plaisait à danser et jouer la comédie, au milieu des musiciens, des comédiens et des feux d'artifice. Ces fêtes somptueuses sont représentées par Israël Sylvestre, dessinateur et graveur du Roi, et ses nombreuses gravures sont consultables par exemple sur le site Gallica. Le film *Le Roi danse* réalisé en 2000 par Gérard Corbiau donne également à voir les festivités versaillaises, à travers le regard de Lully sur Louis XIV. Et de manière plus fugitive, mais tout aussi intéressante, l'ouverture du film *La Fontaine, le défi,* de Daniel Vigne (2007) propose une évocation de la fête de Vaux le Vicomte, donnée par Fouquet en l'honneur du roi et pendant laquelle Molière représenta sa première comédie ballet, *les Fâcheux.*

Ensuite, afin d'élargir le regard à d'autres périodes et au **théâtre européen**, sur la question de la mise en abyme, on peut lire la pièce de **Shakespeare, *Le Songe d'une nuit d'été***, adaptée aussi par exemple au cinéma par Michael Hoffman en 1999 : réel et rêve se mêlent dans cette pièce, où des amoureux s'enfuient dans une forêt magique pour vivre leur amour et où la Reine des fées tombe amoureuse d'un comédien changé en âne par vengeance. Dans un registre plus tragique la pièce de **Luigi Pirandello, *Six Personnages en quête d'auteur*** (1921), met en scène une famille, se présentant sur un plateau de théâtre au Directeur, chef de troupe. Ils se disent à la recherche d'un auteur capable de leur écrire une pièce, qui raconte leur drame personnel. La pièce est le lieu d'une réflexion sur la vérité et sur sa représentation dans le jeu théâtral. Et l'on perd peu à peu la certitude sur ce qui est réel ou ne l'est plus, les personnages prenant eux-mêmes en charge les rôles qui doivent les représenter.

Parcours 2 Les formes du spectacle dans la comédie

Molière est l'inventeur de la comédie ballet et le genre s'est éteint avec lui. Mais il existe bien d'autres formes de mise en œuvre du spectacle dans la comédie. Étymologiquement, le spectacle est « ce que l'on regarde », demandons-nous alors ce que l'on regarde quand on assiste à un spectacle de comédie.

Texte 1. Beaumarchais, *Le Mariage de Figaro*, 1784

Acte V, scènes 15 à 19

Scène 14

Les acteurs précédents, le Comte, Chérubin

LE COMTE, *parlant dans le pavillon, et attirant quelqu'un qu'on ne voit pas encore.* — Tous vos efforts sont inutiles ; vous êtes perdue, Madame, et votre heure est bien arrivée ! (*Il sort sans regarder.*) Quel bonheur qu'aucun gage d'une union aussi détestée…

FIGARO, *s'écrie.* — Chérubin !

LE COMTE. — Mon page ?

BASILE. — Ha ! ha !

LE COMTE, *hors de lui* (*À part.*). — Et toujours le page endiablé ! (*À Chérubin.*) Que faisiez-vous dans ce salon ?

CHÉRUBIN, *timidement.* — Je me cachais, comme vous me l'avez ordonné.

PÉDRILLE. — Bien la peine de crever un cheval !

LE COMTE. — Entres-y, toi, Antonio ; conduis devant son juge l'infâme qui m'a déshonoré.

BRID'OISON. — C'est madame que vous y-y cherchez ?

ANTONIO. — L'y a, parguenne, une bonne Providence ! vous en avez tant fait dans le pays…

LE COMTE, *furieux.* — Entre donc !

(*Antonio entre.*)

Scène 15

Les acteurs précédents, excepté Antonio

LE COMTE. — Vous allez voir, messieurs, que le page n'y était pas seul.

CHÉRUBIN, *timidement.* — Mon sort eût été trop cruel, si quelque âme sensible n'en eût adouci l'amertume.

Scène 16

Les acteurs précédents, Antonio, Fanchette

ANTONIO, *attirant par le bras quelqu'un qu'on ne voit pas encore.* — Allons, Madame, il ne faut pas vous faire prier pour en sortir, puisqu'on sait que vous y êtes entrée.

FIGARO *s'écrie.* — La petite cousine !

BASILE. — Ha ! ha !

LE COMTE. — Fanchette !

ANTONIO *se retourne et s'écrie.* — Ah ! palsambleu, Monseigneur, il est gaillard de me choisir pour montrer à la compagnie que c'est ma fille qui cause tout ce train-là !

LE COMTE, *outré.* — Qui la savait là-dedans ?

(*Il veut rentrer.*)

BARTHOLO, *au-devant.* — Permettez, Monsieur le comte, ceci n'est pas plus clair. Je suis de sang-froid, moi…

(*Il entre.*)

BRID'OISON. — Voilà une affaire au-aussi trop embrouillée.

Scène 17

Les acteurs précédents, Marceline

BARTHOLO, *parlant en dedans, et sortant.* — Ne craignez rien, Madame, il ne vous sera fait aucun mal. J'en réponds. (*Il se retourne et s'écrie* :) Marceline !...

BASILE. — Ha ! Ha !

FIGARO, *riant.* — Hé ! quelle folie ! ma mère en est ?

ANTONIO. — À qui pis fera.

LE COMTE, *outré.* — Que m'importe à moi ? La comtesse...

Dans le dernier acte de cette pièce de Beaumarchais, l'action se passe de nuit dans le parc du château du Comte Almaviva : le Comte, qui a essayé de séduire Suzanne, la femme de chambre de la Comtesse et fiancée de son valet Figaro, se trouve piégé. Il croit en effet que sa femme le trompe et en même temps que Suzanne lui a accordé un rendez-vous nocturne. Les femmes se sont réfugiées dans les deux pavillons du jardin, et le Comte hors de lui de jalousie, cherche sa femme, sous les yeux du jardinier Antonio et du juge Brid'oison. Mais chaque fois que quelqu'un sort d'un pavillon, ce n'est pas la personne attenue. Le plaisir du spectacle est ici à la fois visuel dans **l'utilisation du décor** avec les deux pavillons dans une atmosphère nocturne, et dans **l'effet répétitif** des gestes et des réactions avec la découverte renouvelée d'une personne que l'on ne s'attendait pas à voir.

Texte 2. Georges Feydeau, *Un fil à la patte*, 1894

Acte II, scène 10

DE CHENNEVIETTE, *se frappant la cuisse.* — Nom d'un pétard ! *Par ce mouvement il se trouve tourner à demi le dos à Bois-d'Enghien, et regarder l'avant-scène droite.*

BOIS-D'ENGHIEN. — Oh ! oui, nom d'un pétard ! (*Faisant pivoter Chenneviette sur lui-même en le poussant sur l'épaule droite et en le tirant sur l'épaule gauche de façon à lui faire*

faire un tour complet.) Et c'est ce pétard qu'il faut absolument que vous m'évitiez en trouvant le moyen d'emmener Lucette, de gré ou de force.

DE CHENNEVIETTE. — Mais comment ! comment ?…

BOIS-D'ENGHIEN. — Ah ! je ne sais pas ; mais il faut !

DE CHENNEVIETTE, *se tournant comme précédemment.* — Je vais essayer…

BOIS-D'ENGHIEN, *le faisant pivoter comme précédemment.* — Où est-elle en ce moment ? Où est-elle ?

DE CHENNEVIETTE, *furieux de se voir bousculé de la sorte et se dégageant.* — Avec la baronne, dans le salon, en train de s'expliquer sur votre vent coulis. Il remonte.

BOIS-D'ENGHIEN. — Ah ! mon Dieu ! ça va éclater alors, c'est évident.

Voix dans la coulisse.

DE CHENNEVIETTE, *vivement à Bois-d'Enghien.* — Attention ! les voilà qui reviennent !

BOIS-D'ENGHIEN. — Oh ! *Il se précipite à droite pour s'esquiver, et va donner dans Viviane qui entre de droite.*

VIVIANE et BOIS-D'ENGHIEN, *ensemble.* — Oh !

Ils se frottent l'un et l'autre l'épaule cognée. Dans leur élan, Viviane a été portée au 2 et Bois-d'Enghien au 3.

BOIS-D'ENGHIEN, *à part.* — Fichtre !… (*Haut, en affectant de rire.*) Ah ! ah ! tiens ! c'est vous ?

VIVIANE. — Eh bien ! où étiez-vous ? Voilà une demi-heure que je vous cherche !

BOIS-D'ENGHIEN. — Mais moi aussi ! moi aussi… (*Voulant l'entraîner.*) Eh bien ! cherchons ensemble, cherchons ensemble !

VIVIANE, *le retenant.* — Cherchons quoi ? Puisque nous nous sommes trouvés.

BOIS-D'ENGHIEN. — C'est juste ! (*À part.*) Je ne sais plus ce que je dis !

VIVIANE, à *part.* — Mais est-il bête !

Le théâtre de Feydeau appartient au genre du **vaudeville** : dans cette forme de comédie, **le comique de situation** est le **premier ressort du plaisir du spectateur.** Les quiproquos sont donc fréquents, et les jeux scéniques très dynamiques. Feydeau le présente ainsi lui-même, soulignant le sérieux de la construction d'un spectacle conçu pour le plaisir immédiat du public :

> « En arrangeant les folies qui déchaîneront l'hilarité du public, je n'en suis pas égayé, je garde le sérieux, le sang-froid du chimiste qui dose un médicament. J'introduis dans ma pilule un gramme d'imbroglio, un gramme de libertinage, un gramme d'observation. Je malaxe du mieux qu'il m'est possible ces éléments. Et je prévois presque à coup sûr l'effet qu'ils produiront. »

Dans la scène proposée, Bois d'Enghien se trouve en mauvaise posture : il doit se marier avec la jeune Viviane, mariage conclu pour des raisons financières. Mais alors que le contrat de mariage doit être signé, la baronne, mère de Viviane a fait la surprise de demander à Lucette Gautier, chanteuse en vue de venir égayer la soirée. Or Lucette est la maîtresse de Bois d'Enghien et il ne lui a rien dit de ce mariage. Dans cette scène il montre une panique extrême très amusante pour le spectateur, car, empêtré dans ses mensonges, il cherche à trouver un moyen de faire partir Lucette, de ne pas croiser Viviane tout en restant calme. Il n'arrive à rien, est confus dans ses paroles et très agité. Cette **scène, orchestrée comme une chorégraphie**, comme nous le montrent les didascalies, nous donne donc un exemple où **nous rions du spectacle offert par le personnage, mais à ses dépens** tant il semble incapable de se sortir de la situation dans laquelle il s'est placé lui-même.

Texte 3. Samuel Beckett, *Oh les beaux jours,* 1961

Didascalie initiale, acte premier

Étendue d'herbe brûlée s'enflant au centre en petit mamelon. Pentes douces à gauche et à droite et côté avant-scène. Derrière, une chute plus abrupte au niveau de la scène. Maximum de simplicité et de symétrie.

[…]

Enterrée jusqu'au-dessus de la taille dans le mamelon, au centre très précis de celui-ci, WINNIE. [...] Elle dort, les bras sur le mamelon, la tête sur les bras. À côté d'elle à sa gauche, un grand sac noir, genre cabas, et à sa droite une ombrelle à manche rentrant (et rentré) dont on ne voit que la poignée en bec-de-cane.

À sa droite et derrière elle, allongé par terre, endormi, caché par le mamelon, WILLIE.

Un temps long. Une sonnerie perçante se déclenche, cinq secondes, s'arrête. Winnie ne bouge pas. Sonnerie plus perçante, trois secondes. Winnie se réveille. La sonnerie s'arrête.

Cette référence peut être envisagée comme **un contre point aux mouvements scéniques et aux aspects spectaculaires du spectacle** proposés aussi bien dans les comédies ballets de Molière que dans les textes de Beaumarchais et de Feydeau proposés. La pièce de Beckett commence par une longue didascalie dont nous ne donnons ici qu'un extrait, qui ancre le jeu scénique dans le dépouillement et l'immobilité. Le décor est nu et les personnages statiques. La précision réitérée du « temps long » apporte en outre un effet déstabilisant pour le spectateur qui attend alors *qu'il se passe quelque chose.* L'étude de cette didascalie initiale dans notre parcours « spectacle et comédie » nous oblige donc à **envisager une autre définition du spectacle théâtral.**

Bilan de ce parcours et prolongements possibles

Ce parcours sur les formes du spectacle permet donc d'interroger les attentes du spectateur devant une comédie et plus généralement devant une représentation théâtrale. Là encore les représentations théâtrales, appréciées dans une salle de spectacle ou à travers une captation, sont une ressource indispensable de la réflexion et du plaisir aussi de l'étude du théâtre. **L'approche comparée de mises en scène du théâtre de Beckett et du théâtre de Feydeau** peut être riche d'enseignement sur la **compréhension nuancée de ce que l'on appelle un « spectacle ».** *Un Fil à la patte* mis en scène par Jérôme Deschamps alors qu'il était directeur du théâtre national de l'Opéra-comique offre un exemple éclairant de ce qu'est le vaudeville dans le tourbillon des mouvements d'acteurs, allers et venues et claquements de porte. Et en contrepoint, l'étude de photogrammes de la mise en scène de la pièce de Beckett, ou le visionnage de sa mise en scène par exemple par la Compagnie Renaud Barrault en 1971[1] peuvent apporter des exemples visuels des choix des metteurs en scène pour représenter la posture statique de Winnie sur le plateau scénique.

Il peut ensuite être intéressant de **se pencher sur l'histoire du théâtre, et de la comédie en particulier**, en revenant à sa naissance même, à Athènes vers le ve siècle av. J.-C. On pourra lire des extraits d'**une comédie d'Aristophane** (*Les Nuées* ou *l'Assemblée des femmes*) pour comprendre ce qu'était alors le spectacle, lié aux célébrations politiques et religieuses de la ville d'Athènes, dans le grand théâtre de Dionysos. Il alliait en effet parties parlées, déclamées par les acteurs, et parties chantées, scandées par le chœur qui dansait aussi en mouvements rythmiques et circulaires autour de l'autel de Dionysos. Le spectacle était alors offert à toute une ville, et la comédie portait un discours satirique sur la conduite de la Cité ou les comportements humains. Et si nous rions à la simple évocation des lavements et des purges dans *Le Malade imaginaire,* Aristophane ne se prive pas des allusions obscènes les plus crues au milieu des considérations sur l'avenir de la démocratie.

Pour prolonger par ailleurs l'étude des formes du spectacle dans l'histoire du théâtre, on peut se pencher sur les représentations des comédiens eux-mêmes, pour étudier leurs costumes et leurs postures, autant que pour interroger le regard posé sur eux. Le **peintre Antoine Watteau** a ainsi peint à plusieurs reprises les Comédiens Italiens, par exemple dans une toile du même nom en 1720. Nous y voyons les rôles traditionnels de la *commedia dell'arte* représentés sur une scène, et le rideau rouge semble se lever sur eux. Dans un tout autre registre, on pourra mener l'étude d'**affiches de spectacles mettant en scène la comédienne Sarah Bernhardt**, illustre par les rôles qu'elle incarne à partir de la fin des années 1860 et qui lui procurent une renommée mondiale. Elle apparut certes plus dans de rôles tragiques que dans des comédies mais cette référence est intéressante pour notre parcours : Sarah Bernhardt est en effet une des premières à mettre la publicité

1. Accessible sur le site de l'INA, https://fresques.ina.fr/en-scenes/

au service de son art et elle devient même un symbole de l'Art Nouveau, quand l'artiste Mucha devient le dessinateur des affiches de ses spectacles. Elle constitue donc une référence de comédienne mettant en scène sa propre vie, en faisant en quelque sorte de son réel un spectacle.

Proposition de lecture cursive

On pourra lire *Knock ou le triomphe de la médecine* de Jules Romains, créé en 1923 au théâtre de la Comédie des Champs-Élysées.

Cette lecture permettra de découvrir, toujours en lien avec la thématique de la médecine, **un nouveau personnage d'imposteur, plus trouble et ambigu** que les personnages ridicules de Molière. Pour Knock « toute personne bien portante est un malade qui s'ignore » et il met alors en œuvre des techniques de manipulation qui mènent les habitants du village où il s'est installé, à le considérer comme un sauveur. La dévotion dont il est l'objet pourra faire écho au vocabulaire de la croyance dont use Argan pour parler de la médecine. Mais **l'emprise de Knock est bien plus inquiétante,** car elle ne semble pas devoir rencontrer d'obstacle et il est par ailleurs véritablement médecin. Son rôle est aussi une métaphore de la place grandissante de la publicité dans la société de l'entre-deux guerres.

Et si quelques scènes relèvent nettement du registre comique, utilisant les ressources traditionnelles su comique de mots ou de situation pour faire sourire le spectateur, la **comédie est ici plus grinçante** et sa leçon sans doute plus sombre.

Entraînement et corrigés

En vue de l'écrit : la dissertation

Présentation de l'exercice

Le questionnement

L'épreuve de dissertation « consiste à conduire une réflexion personnelle organisée sur une **question littéraire portant sur l'une des œuvres et sur le parcours** associé figurant dans le programme d'œuvres », d'après les textes officiels.

La « question littéraire » au centre du sujet de dissertation peut être à comprendre comme une question simple ou une question prenant appui sur une citation, à analyser et commenter ou discuter.

La démarche

Le candidat devra, dans le développement de sa dissertation s'appuyer « sur sa connaissance de l'œuvre et des textes étudiés dans le cadre de l'objet d'étude concerné, ainsi que sur ses lectures et sa culture personnelle ».

L'argumentation attendue dans un sujet de dissertation portant sur Molière devra donc prendre appui, d'après les indications du programme, sur :

- l'œuvre complète, en faisant appel à des références précises ;
- les textes étudiés dans le cadre du parcours associé : dramaturges du XVIIe au XXIe siècle et autour de la question de l'association « spectacle et comédie ».

La réflexion pourra également prendre appui sur :

- la lecture cursive d'une œuvre théâtrale complète ;
- des références artistiques et culturelles étudiées en prolongement du cours sur l'objet d'étude, et en particulier sur des exemples de mises en scène, indispensables pour envisager la notion de « spectacle » ;
- des références ou des lectures personnelles, d'extraits d'œuvres ou d'œuvres complètes, mais aussi de mises en scène là encore.

Propositions de sujets

Chaque sujet est à accompagner de la consigne suivante :

Vous construirez votre argumentation en appui sur l'étude du Malade imaginaire *de Molière et sur le parcours associé.*

- **Des sujets sur la portée du spectacle dans la comédie**
  - **a.** En quoi la comédie du *Malade imaginaire* permet-elle, à travers le spectacle théâtral de réfléchir sur la société ?
  - **b.** La mise en scène du spectacle théâtral vous paraît-elle nécessaire dans *Le Malade imaginaire* pour apprécier pleinement le propos de la comédie ?
- **Des sujets sur les différents aspects du spectacle dans la comédie**
  - **a.** En quoi peut-on dire que *Le Malade imaginaire* est conçu comme un spectacle complet ?
  - **b.** Maurice Pellisson écrit en 1914 dans son ouvrage *Les Comédies ballets de Molière* « À voir la cérémonie du *Bourgeois gentilhomme,* celle du *Malade imaginaire,* les spectateurs n'éprouvent pas une involontaire mélancolie ; pour se sentir mélancolique à ce spectacle, il faut y mettre beaucoup du sien ; Argan, Monsieur Jourdain ne sont pas des malades, ce sont des déments ». Diriez-vous que c'est la folie du personnage qui fait la force du spectacle théâtral dans *Le Malade imaginaire ?*

Exemples de sujets corrigés

Sujet 1 : plan détaillé

▸ **Sujet : Dans la biographie qu'il consacre à Molière[1], Georges Forestier écrit à propos du *Malade imaginaire* : « Molière et Charpentier transfigurèrent en apothéose, bouffonne et sublime à la fois, la satire conventionnelle des médecins ».**

Expliquez cette phrase à l'aide de votre lecture du *Malade imaginaire* ainsi que du parcours associé et de vos lectures personnelles.

Pistes de corrigé

Ce sujet prend appui sur une citation qu'il faut commencer par bien analyser pour la comprendre. G. Forestier parle d'une transfiguration, c'est-à-dire d'une transformation radicale, d'un changement d'état. C'est ici la « satire conventionnelle des médecins » qui est transformée en « apothéose ». Le sujet de la médecine est en effet récurrent au théâtre et **Molière s'inscrit donc dans une tradition de critique des pratiques médicales**, il recourt à un thème qui est connu des spectateurs. **Mais il y apporte une dimension nouvelle** : une « apothéose » est l'état le plus éclatant, le plus éblouissant, ici de la satire. Et G. Forestier précise ses deux aspects apparemment contradictoires : l'adjectif « bouffonne » fait penser au registre de la farce et de l'exagération comique, quand le « sublime » montre l'admiration liée au haut niveau de perfection atteint.

La consigne demande une explicitation de cette phrase, il ne s'agit pas de la contredire ou de la discuter ici. Un plan possible pour la dissertation est alors un plan qui reprend les deux étapes de la citation :

1. Georges Forestier, *Molière,* Biographies nrf Gallimard, 2019, p. 467.

I. En effet Molière présente une « satire conventionnelle des médecins » : il propose une satire virulente d'un fait de société, une médecine peu efficace

On peut développer dans cette partie ***tout d'abord*** le **recours aux formes conventionnelles du comique** pour moquer les médecins (comique de mots, de caractère, de situation et de gestes). ***Puis*** on relèvera les **références aux faits de société**, dans les règles de la comédie classique, comme le coût des prescriptions médicales ou les nouvelles découvertes sur la circulation du sang.

Le lien avec le parcours peut être fait ici dans la référence à **d'autres comédies de Molière**, nombreuses, qui mettent déjà en scène des médecins, réels ou joués. C'est un sujet récurrent du divertissement théâtral.

II. Mais *Le Malade imaginaire* va au-delà de cette tradition théâtrale et Molière offre ici une « apothéose »

Il faut montrer ici ***tout d'abord*** à quel point le sujet est développé sous tous ses aspects, par des variations multiples : le **discours sur la médecine prend toutes les tonalités**, du discours le plus sérieux chez Béralde au plus fantaisiste chez Toinette, en passant par le ridicule chez les Diafoirus. **Il est *ensuite* mis en scène sous toutes ses formes** : par l'effet des lavements, les pseudos consultations, les comptes... et ***enfin*** il dépasse même le champ de la médecine et étant traité comme **une nouvelle religion**, avec ses adeptes aveuglés (Argan), ses grands ordonnateurs (Purgon et Fleurant) jusqu'à la cérémonie finale, apothéose de burlesque.

Le lien avec le parcours peut être fait autour par la référence à d'autres comédies ballet de Molière.

Sujet 2 : corrigé rédigé

▶ Sujet : La comédie dans *Le Malade imaginaire* est-elle seulement un spectacle ?

Vous répondrez à cette question en vous appuyant sur l'étude du *Malade imaginaire* et du parcours associé ainsi que sur vos lectures et références culturelles personnelles.

Corrigé rédigé

Le Malade imaginaire est la dernière pièce écrite, mise en scène et jouée par Molière avant sa mort, après la quatrième représentation le 17 février 1673. Cette disparition presque sur scène, dans les vêtements d'Argan, le rôle-titre, a contribué à créer autour de Molière la légende d'un dramaturge inspiré par sa propre peur de la mort et ses désillusions personnelles. L'intérêt de cette pièce se trouve pourtant bien au-delà de ces hypothèses hasardeuses qui réduisent la création littéraire de Molière à une simple transcription des circonstances. *Le Malade imaginaire* est en effet la dernière des pièces du dramaturge mais aussi la dernière de ses comédies ballets, genre dont il est l'inventeur et qui ne lui survivra pas. Elle témoigne de l'inventivité de son auteur qui n'a eu de cesse de renouveler son écriture théâtrale tout au long de sa vie au service des plus grands, depuis le duc d'Epernon jusqu'au roi de France Louis XIV. Avec ses comédies ballets, écrites en collaboration avec les compositeurs Lully puis Charpentier, et le chorégraphe Beauchamp il a participé à la magnificence des fêtes des Plaisirs de l'île enchantée à Versailles, lieu où *Le Malade imaginaire* fut représenté aussi en juillet 1674, plus d'un an après sa mort. Le goût du spectaculaire dans la création mêlant la musique, la danse, les chants et le théâtre peut cependant nous amener à **nous demander si la comédie est seulement un spectacle dans Le *Malade imaginaire*.** L'attention portée au plaisir du spectateur par la variété de l'expression artistique et des jeux scéniques peut en effet nous amener à nous demander si la comédie ballet poursuit également un but sérieux. Pour répondre à cette interrogation, nous verrons dans un premier temps que la comédie est évidemment un grand spectacle éblouissant et plaisant pour le spectateur. Mais nous montrerons que le plaisir de la comédie est mis au service de la réflexion, puisqu'il s'agit bien pour le dramaturge de provoquer la réflexion. Plaire et instruire sont, dans la comédie de Molière, les deux maîtres mots indissociables.

Il nous faut tout d'abord concéder que *Le **Malade imaginaire*** **est effectivement un spectacle, et des plus divertissants.** La pièce est écrite pour le plaisir du spectateur en dévoilant tout l'art de la comédie dont Molière s'est rendu maître. **Nous retrouvons et reconnaissons ici en premier lieu toutes les ressources de la comédie** par les personnages, qui en rappellent d'autres des pièces de Molière : Toinette est une nouvelle servante effrontée, dans la continuité de Nicole du *Bourgeois gentilhomme* ou de Scapin des *Fourberies de Scapin.* Son apparition sur scène, moqueuse et sous les injures vaines de son maître, est la promesse d'un spectacle plaisant et enlevé. De même nous reconnaissons le couple d'amants qui devra déjouer les projets ridicules et autoritaires du père, et nous identifions immédiatement en Argan celui qui se ridiculisera par son obsession. Le choix de la médecine et l'évocation du corps dans ses fonctions primaires est également une source certaine du plaisir du spectateur dans le rire provoqué par l'évocation des lavements et clystères, prescrits par monsieur Purgon, et préparés par monsieur Fleurant, deux personnages aux noms très explicites et évocateurs. La comédie du *Malade imaginaire* présente donc un spectacle plaisant immédiatement au spectateur, ou au lecteur puisqu'elle fait appel aux ressources traditionnelles de la comédie de Molière.

Par ailleurs **le spectacle se trouve démultiplié par un jeu réitéré de mise en abyme** : tout au long de la pièce le spectacle devient lui-même lieu de spectacle, le plateau théâtral, lieu de la représentation théâtrale pour les personnages devenus spectateurs ou acteurs. Ainsi comme plus tard chez Marivaux par exemple dans *Le Jeu de l'amour et du hasard,* les personnages se travestissent ou dissimulent pour mieux découvrir l'autre ou mener à bien leur projet. Chez Marivaux Silvia et Dorante échangent ainsi de rôles avec leurs serviteurs pour mieux approcher celle et celui à qui ils sont promis en mariage. Et ce faisant, ils se trompent eux-mêmes puisqu'ils ont eu tous les deux la même idée sans le savoir. Dans

Le Malade imaginaire, Béline qui a pris le masque de la femme aimante, révèle trop tôt son vrai visage, pensant son mari mort. Le jeu d'Argan, sous la mise en scène de Toinette, a donc servi à révéler la vérité des intentions de sa femme, comme le travestissement fait surgir la vérité des sentiments chez Marivaux. Dans ces situations, le spectateur se réjouit d'en savoir plus que les personnages, comme lorsque Toinette cette fois joue le faux médecin à l'acte III, ou que Cléante se fait passer pour un professeur de chant à l'acte II afin d'approcher Angélique. Toinette sait bien d'ailleurs que son travestissement est une « imagination burlesque » et sera « peut-être plus heureux que sage » ainsi qu'elle le dit à Béralde à l'acte III, scène 2. Quoi qu'il en soit la comédie offre du spectacle.

Enfin, cette pièce est évidemment conçue pour être un spectacle du fait même qu'elle est **une comédie ballet**. Elle allie ainsi la danse, la musique, le chant à l'art théâtral, dans un entrelacs complexe de tous ces arts du spectacle vivant. La structure même de la pièce promet un spectacle étourdissant, enchâssant les actes de la pièce de théâtre avec les divertissements chantés et dansés, eux-mêmes variés. Ainsi Molière poursuit-il le genre inventé avec sa pièce *Les Fâcheux*, lors de la fête de Vaux offerte par Nicolas Fouquet au jeune Louis XIV. À l'églogue du prologue, placée dans un univers de pastorale, succède, après le premier acte, un intermède d'inspiration de la *commedia dell'arte*. Puis après un deuxième acte qui présente lui-même un intermède chanté du fait du duo entre Angélique et Cléante, est joué, comme « divertissement [...] qui dissipera [le] chagrin » d'Argan un spectacle de femmes mores chantant l'amour. Le troisième acte et troisième intermède constituent l'apothéose du spectacle, le jeu théâtral multipliant les supercheries, faux semblants, mouvements scéniques et changements de costumes, et l'intermède apportant une cérémonie burlesque à laquelle participe Argan lui-même au milieu des chants et des danses. Le spectacle est donc complet dans une sollicitation continuelle de l'attention du spectateur et le recours à une troupe artistique extrêmement nombreuse.

La comédie du *Malade imaginaire* est **donc bien un spectacle** puisqu'elle propose un divertissement qui plaît à la fois par la reprise d'éléments traditionnels de la comédie et par une inventivité extraordinaire. **Mais la comédie ne peut être réduite au spectacle considéré pour le seul plaisir** du spectateur. Car si le spectateur rit, s'étonne, s'inquiète et s'émerveille toujours aujourd'hui devant la comédie de Molière, c'est aussi parce qu'elle a une dimension sérieuse, qu'elle provoque en lui la réflexion.

La comédie de Molière répond en effet au double précepte tiré d'Aristote et devenu doctrine classique, plaire et instruire. Il s'agit pour Molière, comme pour La Fontaine dans ses *Fables* de divertir par la variété pour mieux construire et susciter la réflexion. **Le spectacle vaut ainsi tout d'abord pour ce qu'il révèle des attitudes humaines et de la société** : dans *Le Malade imaginaire*, le spectacle fait réfléchir à la crédulité inquiète d'Argan à travers le défilé des ridicules messieurs Diafoirus, Purgon et Fleurant. La dissimulation de Cléante en maître de chant révèle les stratagèmes dont doivent user les jeunes gens pour se parler d'amour face à l'autoritarisme d'Argan dans les projets de mariage pour sa fille, et les manœuvres de Béline pour faire envoyer la jeune fille au couvent. Et enfin les jeux burlesques sur les lavements et leurs effets, comme à l'acte I, scène 3, lorsque Argan doit sortir précipitamment, ne doivent pas nous faire oublier les préceptes de Rabelais qu'appréciait fort Molière : il faut savoir dépasser l'apparence grossière pour trouver le sérieux du propos. Et ici rien de plus sérieux que la dénonciation de l'imposture des médecins qui profitent de l'inquiétude et de l'argent d'Argan. De même dans *L'Illusion comique* de Corneille, la magie mise en œuvre par Alcandre apporte le plaisir du spectacle par l'utilisation apparente du merveilleux, mais il s'agit finalement de faire comprendre à Pridamant qu'il tient sincèrement à son fils, et surtout à construire une réflexion sur la question de la vérité dans le jeu théâtral. Le spectacle de la comédie est donc le support de la réflexion du spectateur.

Par ailleurs **la comédie ballet, du fait même de ses caractéristiques artistiques, propose des approches multiples d'un même thème** et donc permet d'enrichir la réflexion. Dans *Le Malade* *imaginaire*, le dramaturge propose ainsi des variations sur les deux thèmes centraux de l'amour et de la médecine. L'amour est traité dans la partie théâtrale à travers l'opposition du « benêt » Thomas Diafoirus et de l'élégant Cléante, en particulier dans la scène 5 de l'acte II, qui montre leur opposition en actes. Le premier se révèle en effet incapable de bien réciter un compliment particulièrement précieux et pédant, alors que le second improvise des paroles d'amour chantées, sur le modèle de la pastorale. Il fait alors écho à la pastorale mise en scène dans l'Églogue qui met en scène des bergers et des bergères échangeant des protestations d'amour. Des échos existent de même entre le premier et le deuxième intermède sur des registre divers : la comédie italienne avec la sérénade manquée de Polichinelle et l'invite au *carpe diem* chez les femmes mores. La question amoureuse parcourt donc la pièce, enrichie par son expression artistique variée, jusqu'à la conclusion du mariage qui couronne l'amour sincère de Cléante et Angélique, alors que Thomas Diafoirus a disparu et que l'amour faux de Béline a été démasqué. Les intermèdes ne sont par conséquent pas de simples divertissements, ils permettent la construction d'une réflexion nuancée sur l'amour, mais aussi sur les sentiments d'affection plus généralement. De la même manière les scènes de dénouement du *Mariage de Figaro* de Beaumarchais apportent le divertissement du spectateur par les quiproquos successifs sur l'identité de la personne cachée dans le pavillon du jardin, mais elles permettent aussi de révéler la folie jalouse du Comte et de réconcilier les personnages pour une fin heureuse. Le spectacle de la comédie est ici plaisant mais pour mieux construire le sens de la pièce.

Enfin le plaisir et la réflexion se trouvent explicitement imbriquées dans le dénouement du *Malade imaginaire* que constitue **la cérémonie finale.** Cette fin est sans nul doute une **apothéose** du divertissement burlesque, tout comme l'est la cérémonie d'investiture de monsieur Jourdain en grand *mamamouchi* dans *Le Bourgeois gentilhomme*: elle est annoncée comme « un petit intermède de la réception d'un médecin » par Béralde, elle présente des chants, des danses, des costumes de médecins et d'apothicaires, et toute la cérémonie se déroule dans un latin fantaisiste, parodie du latin d'Université qui était en usage à la Faculté de médecine. Tout est donc en place pour une clôture de spectacle dédiée au plaisir du spectateur. D'ailleurs l'intrigue semble résolue puisque Béline a été démasquée et que les jeunes gens pourront se marier. Or le sujet de la pièce, d'après son titre, devait être l'hypocondrie d'Argan et celle-ci n'est pas résolue. La folie du personnage, dans sa dévotion extrême à la médecine, trouve alors un remède provisoire dans un divertissement partagé par tous. Et Argan, sans en être totalement dupe sans doute, se trouve intronisé médecin par une troupe de comédiens. Là se trouve le véritable dénouement de la pièce : puisqu'on ne peut guérir la médecine, résolument incompétente et exercée par des ridicules prétentieux et charlatans, il faut donc en rire dans la comédie et dans un divertissement extravagant. Et il faut en rire avec ceux qui en étaient le plus malades pour leur apporter remède à leur véritable mélancolie, qui ne se pourra soigner d'une saignée. Le spectacle est lui-même le remède proposé par Molière.

Ainsi *Le Malade imaginaire* **propose bien un spectacle avant tout** puisque c'est une comédie ballet, conçue pour la représentation et le plaisir des spectateurs en mêlant tous les arts et les discours. Mais si ce spectacle a tant plu aux contemporains de Molière comme il continue à plaire jusqu'à nos jours, ainsi qu'en attestent les multiples mises en scène de la pièce, c'est parce que le divertissement nous apporte bien plus que le plaisir du jeu, de la danse et du chant. Il est **porteur d'un discours sur la société et sur nous-mêmes**, sur les impostures et les peurs qui créent les superstitions et les fausses dévotions. Alors si la comédie ne peut tout résoudre, elle remet les ridicules à leur place, révèle les vrais attachements et puisqu'elle fait cela en divertissant, alors, comme le dit Béralde à Argan « cela vaudra bien une ordonnance de monsieur Purgon ».

En vue de l'oral : proposition d'explications linéaires

L'épreuve orale comprend, dans la première partie, l'explication linéaire d'un texte d'une vingtaine de lignes, notée sur 8 points. Les connaissances et compétences attendues dans cette partie de l'exercice sont les suivantes : « bonne compréhension littérale du texte ; analyse pertinente au service d'une interprétation ; mobilisation des savoirs linguistiques et littéraires nécessaires à l'analyse du texte ; références précises au texte étudié ».

Il s'agit donc de **faire ressortir explicitement le sens et l'intérêt spécifique du texte** en étudiant pas à pas son écriture et sa construction. On pourra distinguer les mouvements qui structurent le passage pour expliciter la progression du propos et formuler le fil directeur de notre analyse.

Les questionnements à construire pour une étude linéaire

Le texte théâtral se prête bien à la lecture linéaire qui permettra de faire ressortir tout particulièrement la progression de l'intrigue entre le début et la fin d'une scène et les effets produits par l'enchaînement des répliques. La double énonciation est en outre à prendre en compte de manière précise, en particulier par la multiplication des stratagèmes et faux semblants et l'imbrication des multiples niveaux du spectacle. Il faut toujours se poser la question de savoir ce que sait le spectateur par rapport à ce que savent les personnages, et quel double niveau de sens peut avoir un discours, dans la démarche de la comédie pour plaire et instruire.

L'étude linéaire, pour l'oral du Baccalauréat, peut porter sur des scènes complètes, quand elles sont assez courtes.

Un exemple d'explication linéaire : acte III, scène 4 (scène complète)

Scène 4

MONSIEUR FLEURANT, *une seringue à la main,* ARGAN, BÉRALDE

ARGAN. — Ah ! mon frère, avec votre permission.

BÉRALDE. — Comment, que voulez-vous faire ?

ARGAN. — Prendre ce petit lavement-là, ce sera bientôt fait.

BÉRALDE. — Vous vous moquez. Est-ce que vous ne sauriez être un moment sans lavement, ou sans médecine ? Remettez cela à une autre fois, et demeurez un peu en repos.

ARGAN. — Monsieur Fleurant, à ce soir, ou à demain au matin.

MONSIEUR FLEURANT, *à Béralde.* — De quoi vous mêlez-vous de vous opposer aux ordonnances de la médecine, et d'empêcher Monsieur de prendre mon clystère ? Vous êtes bien plaisant d'avoir cette hardiesse-là !

BÉRALDE. — Allez, Monsieur, on voit bien que vous n'avez pas accoutumé de parler à des visages.

MONSIEUR FLEURANT. — On ne doit point ainsi se jouer des remèdes, et me faire perdre mon temps. Je ne suis venu ici que sur une bonne ordonnance, et je vais dire à Monsieur Purgon comme on m'a empêché d'exécuter ses ordres, et de faire ma fonction. Vous verrez, vous verrez...

ARGAN. — Mon frère, vous serez cause ici de quelque malheur.

Béralde. — Le grand malheur de ne pas prendre un lavement, que Monsieur Purgon a ordonné. Encore un coup, mon frère, est-il possible qu'il n'y ait pas moyen de vous guérir de la maladie des médecins, et que vous vouliez être toute votre vie enseveli dans leurs remèdes ?

Argan. — Mon Dieu, mon frère, vous en parlez comme un homme qui se porte bien ; mais si vous étiez à ma place, vous changeriez bien de langage. Il est aisé de parler contre la médecine, quand on est en pleine santé.

Béralde. — Mais quel mal avez-vous ?

Argan. — Vous me feriez enrager. Je voudrais que vous l'eussiez, mon mal, pour voir si vous jaseriez tant. Ah ! voici Monsieur Purgon.

Introduction

Cette scène se situe dans le dernier acte de la pièce. Elle suit une longue scène entre Argan et Béralde, durant laquelle **les deux frères se sont opposés sur la question de la médecine** : Béralde l'a présentée comme une croyance superstitieuse et dangereuse et il a défendu les comédies de Molière qui en font la critique, mais Argan loin de se rendre à ses arguments s'est montré entêté et ferme dans sa dévotion envers la médecine et les médecins.

Le sujet semble clos, les deux hommes revenant à la question du mariage d'Angélique, quand **surgit Monsieur Fleurant** « *une seringue à la main* ». Le sujet de la médecine revient donc sur scène mais cette fois en actes, comme pour faire l'illustration de ce dont les deux hommes débattaient à l'instant. Et surtout à travers une petite scène en apparence anodine est posée **la seule véritable question de la pièce : de quoi souffre Argan ?**

Nous verrons donc, dans l'analyse linéaire comment progresse cette scène comique autour de l'éviction de Monsieur Fleurant et comment se consolide ici la critique de la médecine.

1er mouvement du texte : les trois premiers échanges d'Argan et Béralde avant l'intervention de Monsieur Fleurant. Le quotidien de la médication.

L'arrivée de Monsieur Fleurant est accueillie de manière très différente par les deux frères. Argan use de politesse pour s'excuser de l'interruption de leur dialogue (« avec votre permission ») et il minimise l'acte médical prévu par l'emploi de l'adjectif « petit » comme s'il s'agissait de peu de chose et d'une action routinière. L'emploi du futur (« ce sera bientôt fait ») projette déjà les personnages dans la poursuite de la conversation, après l'administration du lavement.

Béralde lui est d'emblée dans une toute autre posture, comme le montre l'expressivité forte de ses répliques par l'emploi de l'exclamation (« Comment ! ») des questions (« que voulez-vous faire ? » « vous ne sauriez pas.. ? ») qui marquent **son exaspération**, liées à l'emploi de la modalité injonctive (« remettez cela » ; « demeurez un peu »). Béralde souligne l'agitation liée à l'intervention des médecins comme le montre l'emploi de la négation « être un moment sans » et le lexique de l'apaisement « remettez » ; « demeurez » ; « repos ». Il se montre insistant et d'ailleurs persuasif envers son frère puisque celui-ci congédie Monsieur Fleurant.

Mais l'intervention de l'apothicaire n'était pas un bref intermède, elle constitue le sujet même de la scène.

2e mouvement du texte : les trois répliques d'échanges entre Monsieur Fleurant et Béralde. La bêtise de l'apothicaire.

De manière infantilisante pour Argan, Monsieur Fleurant s'adresse à Béralde qui a obtenu que son frère repousse le lavement. Le **propos de l'apothicaire est vindicatif** par la modalité interrogative et la mise en accusation : « de quoi vous mêlez-vous… » L'appropriation du lavement par l'emploi du possessif, « mon clystère » ridiculise le personnage en plaçant le débat sur un plan personnel.

Il est à noter qu'il n'est pas question de la santé d'Argan ici de manière précise : **les formules restent très générales** « aux ordonnances de la médecine » ; « se jouer des remèdes » ; « une bonne ordonnance ». On ne saura donc pas pourquoi le refus du lavement peut être dommageable en dehors d'une question d'honneur pour l'apothicaire : l'emploi du terme « hardiesse » est ici ridicule par sa démesure. Et il profère des menaces à l'encontre de Béralde dans une phrase amusante elle aussi, car interrompue comme si Monsieur Fleurant s'enfuyait, ne sachant que dire : « vous verrez, vous verrez.... ». Ces deux répliques de l'apothicaire montrent **l'incapacité à une vraie argumentation** sur le bienfait de la médecine et la seule allégeance aveugle à Monsieur Purgon dont il ne peut plus « exécuter [l]es ordres ».

Béralde souligne d'ailleurs le ridicule de son interlocuteur en ne se montrant pas impressionné : il reprend en une **réplique, brève, percutante et ironique, une plaisanterie connue des spectateurs** : « on voit que nous n'avez pas accoutumé à parler à des visages ». Monsieur Fleurant est ici réduit à sa seule fonction d'administrer des lavements. Cette réplique est une source immédiate d'amusement pour le spectateur, par le **comique de mots**, dans une scène déjà plaisante par la **situation farcesque** de la possible administration d'un lavement sur scène.

3e mouvement : retour aux échanges entre Argan et Béralde. Un échange sensé impossible.

Les deux frères commentent la scène qui vient de se dérouler et leur dialogue met en valeur deux postures nettement opposées.

Argan tout d'abord est dans la projection et la lamentation. Sa posture est de l'ordre de la simple superstition puisque, comme Monsieur Fleurant, il emploie une formulation très générale « quelque malheur » et on ne sait s'il parle de sa santé ou de l'intervention à venir de Monsieur Purgon. Béralde souligne cette imprécision en plaçant, dans sa réplique, **la maladie non sur le plan du corps mais sur celui de l'esprit : « vous guérir de la maladie des médecins »**. Le ton reste expressif comme au début de la scène, il se montre exaspéré de ne pas réussir à ramener son frère à la raison. « Encore un coup » rappelle qu'ils ont déjà eu cette discussion. Et il utilise une métaphore hyperbolique pour clore sa question « toute votre vie enseveli dans leur remèdes ». Ici l'image utilisée renverse l'action de la médecine qui n'apporte pas la vie mais la mort.

Les deux dernières répliques d'Argan confortent l'idée d'un **aveuglement obsessionnel du personnage** : sa remarque semblerait tout d'abord frappée du bon sens si nous n'étions pas là à l'acte III de la pièce : « il est aisé de parler contre la médecine quand on est en pleine santé » dit Argan. Cette phrase au présent de vérité générale est une critique que l'on pourrait formuler à l'égard des attaques dirigées contre la médecine. Or nous avons eu le temps de constater l'incompétence absolue des médecins dans les deux premiers actes. Mais plutôt que de répondre sur sa propre santé, Béralde va dans le sens de son frère : **« quel mal avez-vous ? »**. Cette réplique courte et en apparence simple est en fait **le cœur même du questionnement de toute la pièce : de quel mal souffre Argan ?** L'expression employée plus haut « la maladie des médecins » a commencé à apporter une réponse.

La scène se clôt sur un détournement de la question car Argan ne répond pas : il explicite l'effet que le propos de Béralde produit sur lui, montrant par là qu'il a su comprendre ce qui posait problème, la cause véritable de la souffrance d'Argan. Et surtout il reste dans le domaine de l'hypothétique, avec l'emploi du conditionnel, comme pour **éviter de parler de lui-même et du réel** : « je voudrais que vous l'eussiez, mon mal, pour voir si vous jaseriez tant ». L'emploi du verbe péjoratif « jaser » et l'hypothèse peu charitable envers son frère, ne masquent pas le fait que l'évocation de sa maladie reste très vague, dans le terme générique « mal » qui reprend le mot de Béralde.

La dernière partie de sa réplique répond au **procédé classique de changement de scène** avec l'arrivée d'un nouveau personnage, ici monsieur Purgon. L'interprétation du « Ah ! » reste cependant à l'appréciation du metteur en scène : s'agit-il de l'expression d'un soulagement ou peut être d'une inquiétude… ?

Conclusion

Cette scène est intéressante par le **double registre, à la fois comique et sérieux**, mis en œuvre par Molière. La situation est plaisante pour le spectateur avec l'administration possible d'un lavement puis la dispute qui provoque le départ de monsieur Fleurant. Mais les enjeux sont très sérieux puisque l'apothicaire, dont c'est ici la seule apparition, confirme l'incompétence de la médecine : il n'est capable que de proférer des menaces et ne semble pas préoccupé de son malade véritablement. Et Argan se montre lui bien incapable de dépasser son aveuglement comme Béralde se révèle pour l'instant impuissant à aider son frère malgré sa clairvoyance.

Imprimé en Italie par «La Tipografica Varese Srl» Varese